Stefan Radau
Gifted
Im Rausch der Gedanken

Gifted

Im Rausch der Gedanken

Roman

Stefan Radau

Bibliografische Information der Deutschen Nationalbibliothek: Die Deutsche Nationalbibliothek verzeichnet diese Publikation in der Deutschen Nationalbibliografie; detaillierte bibliografische Daten sind im Internet über http://dnb.dnb.de abrufbar.

Die automatisierte Analyse des Werkes, um daraus Informationen insbesondere über Muster, Trends und Korrelationen gemäß §44b UrhG („Text und Data Mining") zu gewinnen, ist untersagt.

© 2024 Stefan Radau

Verlag: BoD · Books on Demand GmbH, In de Tarpen 42, 22848 Norderstedt

Druck: Libri Plureos GmbH, Friedensallee 273, 22763 Hamburg

ISBN: 978-3-7597-7828-4

Inhaltsverzeichnis

PROLOG 7

EINS 10

ZWEI 14

DREI 20

VIER 24

FÜNF 30

SECHS 35

SIEBEN 40

ACHT 44

NEUN 50

ZEHN 54

ELF 59

ZWÖLF 63

DREIZEHN 68

VIERZEHN 74

FÜZTEHN 79

SECHSZEHN 84

SIEBZEHN 90

ACHTZEHN 95

NEUNZEHN 100

ZWANZIG 105

EINUNDZWANZIG 110

ZWEIUNDZWANZIG 115

DREIUNDZWANZIG 120

VIERUNDZWANZIG 125

FÜNFUNDZWANZIG 130

SECHSUNDZWANZIG 134

SIEBENUNDZWANZIG 141

ACHTUNDZWANZIG 146

NEUNUNDZWANZIG 154

DREIßIG 159

EINUNDDREIßIG 163

ZWEIUNDDREIßIG 167

DREIUNDDREIßIG 172

PROLOG

Der Himmel über Clara erstreckte sich, so weit das Auge reichte, unerreichbar und doch tröstlich in seiner Weite. Sie saß auf der alten Holzbank am Rande des Parks, umgeben von der Stille des Abends, und blickte in das unendliche Blau hinauf, als könne sie dort die Antworten finden, nach denen sie so verzweifelt suchte. Es war einer dieser klaren Frühlingsabende, an denen die letzten Sonnenstrahlen die Wolken in ein sanftes Rosa tauchten, während der Himmel sich langsam in das tiefe Blau der Nacht verwandelte. Ein Moment des Friedens – und doch tobte in Clara ein Sturm.

In ihrem Inneren war nichts ruhig. Ihre Gedanken kreisten unaufhörlich, formten endlose Schleifen aus Selbstzweifeln, Fragen und unaufhörlicher Sehnsucht nach mehr. Schon als Kind hatte sie dieses Gefühl gehabt, als wäre sie gefangen in einem Meer von Gedanken, in dem sie nie stillstehen konnte. Während andere scheinbar mühelos durch das Leben schritten, ordneten sich ihre Gedanken in chaotischen Bahnen. Sie hatte lange geglaubt, alle würden so fühlen, bis sie merkte, dass die Welt um sie herum anders war – strukturiert, klar, einfach. Ihre hingegen war ein nie endendes Labyrinth.

In letzter Zeit war dieser innere Sturm stärker geworden. Clara fühlte sich verloren, als würde die Zeit an ihr vorbeiziehen, ohne dass sie wüsste, wohin sie gehörte. Sie war Mitte dreißig, geschieden, kinderlos, und die Erwartungen, die an sie gestellt wurden – von ihrer Familie, von der Gesellschaft, von sich selbst – erdrückten sie. Ihr Bruder Lukas schien immer alles richtig zu machen. Er war der Perfekte, derjenige, der immer wusste, was er wollte, und der all die Ziele erreichte, die sie sich nie zu setzen gewagt hatte. Während er seinen Weg zielstrebig ging, fühlte Clara sich, als würde sie in einem Strudel feststecken, der sie immer weiter nach unten zog.

Und dann, vor einigen Wochen, diese eine Erkenntnis, die alles in Frage stellte. Ein einfacher IQ-Test, den sie aus einer Laune heraus gemacht hatte – mehr als Spielerei. Doch das Ergebnis hatte alles verändert: Hochbegabung. Das Wort hatte sie getroffen wie ein Donnerschlag. Sie, Clara, die immer dachte, sie sei nie gut genug, sollte hochbegabt sein? Es schien unmöglich. Ihr ganzes Leben hatte sie das Gefühl gehabt, ständig hinterherzulaufen, den Erwartungen nicht gerecht zu werden. Wie konnte sie begabt sein, wenn sie doch nichts Besonderes erreicht hatte?

Diese Erkenntnis war nicht die Erleichterung, die sie sich vielleicht erhofft hatte. Im Gegenteil, sie brachte eine Flut von neuen Fragen mit sich. Was hätte sie alles erreichen können, wenn sie das früher gewusst hätte? Hätte sie ihre Träume verwirklichen können, statt in Selbstzweifeln zu ertrinken? Was, wenn sie die falschen Entscheidungen getroffen hatte – wegen eines Selbstbildes, das nicht der Wahrheit entsprach?

Langsam stand Clara auf, ihre Beine schwer unter der Last dieser Gedanken. Sie begann, ziellos durch den Park zu gehen, während die Dunkelheit sich um sie legte. Der Abend war kühl, die Luft frisch, aber ihre Gedanken waren heiß, brennend vor Unruhe. Es war, als wäre sie in einem Käfig aus Unsicherheit gefangen, unfähig, einen Ausweg zu finden. Doch mit jeder Frage, die sich auftat, wusste sie tief in sich, dass dieser Moment ein Wendepunkt war. Die Welt hatte ihr eine neue Wahrheit offenbart – und es lag an ihr, ob sie den Mut hatte, diese zu leben.

Clara blieb stehen, die Dunkelheit über ihr fast erdrückend, doch zugleich war da etwas in ihr, das sich zu regen begann. Ein kleines Flimmern, kaum wahrnehmbar, aber da. Vielleicht, nur vielleicht, war es noch nicht zu spät. Vielleicht konnte sie ihre Geschichte neu schreiben. Der Weg würde nicht einfach sein, das wusste sie. Aber sie war bereit, einen ersten Schritt zu tun – hinaus aus der Schattenwelt ihrer Selbstzweifel, hin zu einer Zukunft, die sie selbst bestimmen würde.

Mit einem tiefen Atemzug sah Clara noch einmal in den Nachthimmel. Die Sterne funkelten über ihr, und für den Bruchteil eines Augenblicks fühlte sie sich verbunden mit dieser unendlichen Weite. Der Sturm in ihr legte sich nicht sofort, aber sie wusste, dass sie nun bereit war. Bereit, ihre Geschichte neu zu schreiben, bereit, den Weg zu gehen, der vor ihr lag – auch wenn sie ihn noch nicht ganz sehen konnte.

Denn sie wusste: Sie würde ihn finden.

EINS

Es war einer dieser Frühlingstage, an denen die Luft klar und kühl war, doch ein sanfter Hauch von Wärme versprach, die bald folgen würde. Die Bäume im Park erwachten gerade zum Leben, ihre frischen, grünen Blätter entfalten sich zaghaft in den zarten Sonnenstrahlen, während die Blumen in den Beeten mit ihrer Farbenpracht zu explodieren schienen. Die Welt um Clara herum pulsierte vor Energie und Neubeginn – und doch fühlte sie sich, als wäre sie in einem unsichtbaren Netz aus Stillstand und Unsicherheit gefangen. Wie ein Baum, der tief verwurzelt war, aber niemals blühte.

Sie saß auf einer Parkbank, den Blick auf den stillen See gerichtet, der ruhig vor ihr lag. Es war früh am Morgen, und der Park war noch menschenleer. Die meisten Menschen waren vermutlich noch in ihren Wohnungen, begannen den Tag mit ihren Familien. Clara hingegen war schon seit den ersten Sonnenstrahlen auf den Beinen, getrieben von einer inneren Unruhe, die sie aus ihrer kleinen Wohnung hinaus in die frische Luft geführt hatte. Sie hatte gehofft, der Frühling – die Jahreszeit des Erwachens – würde auch in ihr etwas zum Leben erwecken, würde ihr Klarheit schenken. Doch stattdessen schien sich der Nebel in ihrem Inneren nur zu verdichten.

Ihre Gedanken wanderten, wie so oft in letzter Zeit, zu ihrer Familie. Zu Lukas, ihrem älteren Bruder – dem perfekten Sohn, wie es schien. Lukas, der immer wusste, was er wollte, der sich niemals verlor. Mit seiner kleinen Familie und dem Erfolg, der ihm scheinbar mühelos zuflog, schien er alles zu haben, was sie nicht hatte. Ein Haus am Stadtrand, eine glückliche Ehe, Kinder, eine Karriere, die ihre Eltern voller Stolz in die Welt hinaustrugen. Lukas lebte das Leben, das ihre Eltern sich für ihre Kinder erträumt hatten, während Clara – Clara fühlte sich, als würde sie immer nur im Schatten stehen.

Es war nicht so, dass Lukas ihr dieses Gefühl bewusst gab. Im Gegenteil, er war stets warmherzig und verständnisvoll. Aber vielleicht war es genau das, was die Sache für Clara so schwer machte. Wie konnte sie jemandem grollen, der so makellos und gleichzeitig ein guter Mensch war? Ihre Eltern sprachen oft von Lukas, mit jener unausgesprochenen Bewunderung, die Clara schmerzlich an ihre eigene Unvollkommenheit erinnerte. Und dann kam sie – diese eine Frage, die immer gestellt wurde, beiläufig, fast unschuldig: „Und wie läuft es bei dir, Clara?"

Diese Frage war nie direkt vorwurfsvoll, doch Clara konnte den leisen Druck spüren, der sich in den Worten verbarg. Ihr Leben, so anders als das ihres Bruders, konnte nie dieselbe Bewunderung hervorrufen. Sie arbeitete als Grafikdesignerin – ein Job, den sie einst geliebt hatte, der jedoch mit der Zeit zu einer endlosen Abfolge von Monotonie und Leere geworden war. Die kreativen Projekte, die einst ihre Leidenschaft entfacht hatten, fühlten sich jetzt wie ein Käfig an, der sie einengte.

Sie ließ den Kopf nach hinten sinken und blickte in den strahlend blauen Himmel, der sich über ihr ausbreitete. Es war Frühling – eine Zeit des Aufbruchs, der Erneuerung. Doch Clara fühlte sich, als würde sie auf der Stelle treten, Jahr für Jahr, ohne dass sich etwas veränderte. Jedes Mal, wenn die Natur in neuem Glanz erblühte, keimte in ihr die Hoffnung auf, dass auch sie ihren Weg finden würde. Aber diese Hoffnung zerbrach immer wieder, wie zarte Blüten, die im Wind verwehten.

Langsam erhob sie sich von der Bank und begann ziellos durch den Park zu gehen. Ihre Schritte waren schwer, wie die Last, die sie in sich trug. Die Welt um sie herum war in Bewegung, doch sie selbst fühlte sich verloren in der Stille ihrer Gedanken.

Als sie die belebten Straßen der Stadt erreichte, blieb sie plötzlich vor einem kleinen, unscheinbaren Buchladen stehen. Sie hatte ihn zuvor nie bemerkt. Etwas an dem Laden zog sie an, ein leises Flüstern in ihrem Inneren, das ihr sagte, sie solle eintreten. Sie folgte diesem Impuls und wurde von dem vertrauten Geruch alter Bücher und Papier umhüllt. Inmitten der Regale, in der Ruhe des Ladens, fand Clara etwas, das sie seit langem suchte – nicht unbedingt eine Antwort, aber einen Moment der Zuflucht.

Ohne wirklich zu wissen, wonach sie suchte, wanderte sie durch die Gänge, bis ihre Finger an einem Buch für Selbsthilfe haltmachten. Der Titel lautete: „Die Kunst des Loslassens: Wie man den inneren Druck abbaut und die Kontrolle zurückgewinnt". Clara blätterte zögernd durch die Seiten und merkte, wie die Worte direkt zu ihr sprachen, als ob der Autor ihre innersten Ängste und Zweifel gekannt hätte.

Als sie den Laden verließ, das Buch fest in den Händen, fühlte sie sich, als hätte sie einen ersten kleinen Schritt in eine neue Richtung gemacht. Die Fragen in ihrem Kopf waren noch da, die Unsicherheit, die sie begleitete, war nicht verschwunden – aber etwas in ihr hatte sich verändert. Ein leises Gefühl der Zuversicht, dass es vielleicht möglich war, sich von den Erwartungen anderer zu lösen und endlich ihren eigenen Weg zu finden.

An diesem Abend, als Clara in ihrer Wohnung saß und in den stillen Innenhof blickte, wusste sie, dass der Weg vor ihr nicht leicht sein würde. Aber vielleicht – nur vielleicht – war der Frühling diesmal wirklich der Beginn von etwas Neuem. Sie würde es wagen, Schritt für Schritt, ohne die perfekten

Antworten zu kennen. Denn manchmal, dachte Clara, war das bloße Gehen der erste mutige Schritt.

ZWEI

Der Kaffeedampf stieg langsam in der kühlen Luft der Küche auf, während Clara in das Buch vertieft war, das sie am Vortag aus dem kleinen Buchladen mitgenommen hatte. Die Worte, die auf den Seiten standen, wirkten wie ein Echo ihrer eigenen Gedanken, als ob der Autor direkt in ihr Innerstes geblickt hatte. Es ging darum, wie die Erwartungen der Familie und der Gesellschaft oft unbewusst unser Leben beeinflussen. Und wie wir, um den Frieden zu wahren, oft versuchen, diesen Erwartungen zu entsprechen, ohne uns zu fragen, ob sie wirklich unseren eigenen Vorstellungen entsprechen

Clara setzte die Tasse ab und lehnte sich zurück. Die letzten Tage hatten in ihr etwas aufgewühlt, das sie lange versucht hatte zu ignorieren: den ständigen Vergleich mit ihrem Bruder Lukas. Während sie ihm äußerlich nichts vorwarf – schließlich hatte er alles richtig gemacht, war erfolgreich und hatte die perfekte Familie – war es dieser unterschwellige Druck, der sie fast erdrückte. Ihre Eltern, die bei jeder Gelegenheit von Lukas sprachen, als ob seine Erfolge ihre eigenen wären, schienen nicht zu bemerken, wie Clara unter diesen ständigen Vergleichen litt.

Der Frühling draußen brachte nicht nur frisches Leben in die Natur, sondern auch Claras unaufhörliche Selbstzweifel zum Vorschein. Es fühlte sich an, als ob sie in einer Zwischenwelt gefangen war – sie war nicht in der Lage, die Erwartungen ihrer

Familie zu erfüllen, und gleichzeitig wusste sie nicht, wie sie ihren eigenen Weg finden konnte, ohne dabei ständig Lukas' Schatten zu spüren.

Nach dem Frühstück, das sie kaum angerührt hatte, zog Clara ihren Mantel über und entschloss sich, wieder in den Park zu gehen. Sie hatte das Gefühl, dass die frische Luft ihr helfen könnte, einen klaren Kopf zu bekommen. Der Weg dorthin war ruhig, und das Knistern der ersten Blätter, die auf den Wegen verstreut lagen, erinnerte sie daran, wie sich der Frühling langsam aber sicher durchsetzte.

Als sie die Parkbank erreichte, auf der sie gestern gesessen hatte, ließ Clara sich mit einem tiefen Seufzer nieder. Sie konnte das Buch, das sie gelesen hatte, nicht aus dem Kopf bekommen. Die Worte, die ihr so tief unter die Haut gegangen waren, hatten etwas in ihr geöffnet. Vielleicht war es Zeit, sich der Tatsache zu stellen, dass sie nicht länger nach den Vorstellungen ihrer Familie leben konnte.

Clara zog ihr Handy heraus und überlegte, ihre Mutter anzurufen. Doch stattdessen starrte sie auf den Bildschirm und öffnete eine neue Nachricht. *Mama, ich muss nachdenken. Ich werde mich bald melden.* Sie zögerte, aber nach einigen Sekunden drückte sie auf "Senden". Es war nicht das Gespräch, das sie führen wollte, aber es war ein erster Schritt. Ein Schritt, der vielleicht der Beginn einer Veränderung war.

Der Nachmittag verging, während Clara durch den Park schlenderte, und die Zeit schien sich endlos zu dehnen. Ihre Gedanken kehrten immer wieder zu den gleichen Fragen zurück: Warum fühlte sie sich so verloren? Warum war es so schwer, sich selbst zu finden, während Lukas scheinbar mühelos in seinem Leben vorankam?

Sie dachte an die Familienessen, an denen sie immer wieder das Gefühl hatte, dass alle Augen auf sie gerichtet waren, nur um herauszufinden, ob sie etwas zu erzählen hatte, das mit Lukas' Errungenschaften mithalten konnte. Und jedes Mal spürte sie diese Leere in sich. Sie wollte so vieles sagen, aber die Worte kamen nicht. Alles, was ihr durch den Kopf ging, war: *Ich bin nicht genug.*

Als der Abend anbrach, beschloss Clara, zu ihrer Wohnung zurückzukehren. Doch auf dem Weg nach Hause machte sie einen unerwarteten Umweg und betrat ein kleines Café, das sie bisher nie bemerkt hatte. Es war gemütlich, und es hing der Duft von frischem Gebäck in der Luft. Clara bestellte einen Tee und setzte sich in eine Ecke, wo sie in Ruhe über alles nachdenken konnte.

Während sie ihren Tee trank, kam ihr eine Idee. Es war etwas, das sie lange Zeit nicht gewagt hatte, aber vielleicht war es an der Zeit, es zu versuchen: Sie würde ihren eigenen Weg finden, indem sie aufhörte, sich mit Lukas zu vergleichen. Der Gedanke war einfacher gesagt als getan, aber Clara wusste, dass es der einzige Weg war, um die Leere in sich zu füllen. Doch die Frage blieb: Wie konnte sie anfangen?

Am nächsten Morgen war der Himmel wieder strahlend blau, und Clara fühlte eine leise, aber bestimmte Veränderung in sich. Sie hatte beschlossen, dass sie sich ab heute nicht mehr mit ihrem Bruder vergleichen würde. Es war keine plötzliche, dramatische Entscheidung, sondern eine langsame, stille Erkenntnis, dass ihr Leben nicht weniger wertvoll war, nur weil es anders verlief.

Mit diesem Gedanken im Kopf ging Clara zu ihrer Arbeit. Der Büroalltag hatte in letzter Zeit nur wenig Erfüllung für sie geboten, doch heute sah sie alles in einem etwas anderen Licht. Sie hatte noch keine klare Vorstellung davon, wie sie ihren eigenen Weg finden würde, aber sie wusste, dass sie sich nicht länger in die Rolle der "Erfolglosen" drängen lassen wollte.

Im Büro angekommen, ging Clara zu ihrem Schreibtisch und setzte sich vor den Computer. Die ersten Stunden verliefen wie immer – Mails beantworten, Projekte koordinieren, Designs überarbeiten. Doch als der Tag sich dem Ende neigte, stellte

Clara fest, dass ihre Gedanken immer wieder zu ihrem Plan zurückkehrten. *Es muss mehr geben als das,* dachte sie, während sie auf den Bildschirm starrte.

Plötzlich klingelte ihr Handy. Ihre Mutter. Clara zögerte, bevor sie den Anruf entgegennahm. Sie wusste, dass dieses Gespräch unvermeidlich war, aber sie fühlte sich noch nicht bereit, sich dem zu stellen.

„Hallo Mama", sagte Clara, ihre Stimme fest, obwohl sie innerlich zu vibrieren schien.

„Clara, wie geht es dir? Wir haben in letzter Zeit nicht viel von dir gehört. Lukas war gestern zum Essen da und hat von seinen neuen Projekten erzählt. Es läuft so gut bei ihm."

Natürlich, dachte Clara. *Lukas. Immer Lukas.* Sie biss die Zähne zusammen, hielt aber ihre Stimme ruhig. „Es geht mir gut, Mama. Ich hatte nur viel nachzudenken."

„Oh, worüber denn? Geht es bei dir auf der Arbeit gut?"

Clara wusste, dass dies der Moment war. Sie konnte die Dinge weiterlaufen lassen wie bisher – immer im Schatten, immer der ständige Vergleich – oder sie konnte versuchen, ihre Wahrheit zu sagen, egal wie unangenehm es war. Sie atmete tief ein und antwortete schließlich: „Mama, ich möchte über etwas sprechen. Es geht nicht nur um die Arbeit. Es geht um mich, und... ich habe in letzter Zeit viel über die Familie nachgedacht."

Ein Moment der Stille, bevor ihre Mutter antwortete. „Was meinst du, Clara?"

„Ich meine, dass ich das Gefühl habe, dass ich mich immer mit Lukas vergleichen muss. Dass ihr... dass du und Papa immer nur seht, was er erreicht hat. Und ich weiß, dass das nicht absichtlich so ist, aber ich fühle mich oft übersehen."

Ihre Mutter schwieg, und Clara konnte die Anspannung am anderen Ende der Leitung förmlich spüren. Es fühlte sich an, als ob sie eine unsichtbare Grenze überschritten hätte, etwas, das sie jahrelang in sich getragen hatte, jetzt endlich ausspräch.

„Clara...", begann ihre Mutter, doch Clara unterbrach sie sanft.

„Nein, ich will nicht, dass du dich verteidigst oder entschuldigst.

Ich wollte es einfach nur aussprechen. Ich möchte meinen eigenen Weg finden, ohne das Gefühl zu haben, dass ich ständig in Lukas' Schatten stehe. Ich weiß, dass ihr stolz auf ihn seid – und das ist auch gut so. Aber ich will, dass ihr mich auch als eigene Person seht."

Die Stille war drückend, und Clara fragte sich, ob sie zu weit gegangen war. Doch dann hörte sie ihre Mutter leise sprechen. „Ich wusste nicht, dass du dich so fühlst, Clara. Ich... wir lieben dich, und wir sind stolz auf dich. Es tut mir leid, dass wir das nicht gezeigt haben."

Clara schloss die Augen und atmete tief durch. „Danke, Mama. Das bedeutet mir viel."

Das Gespräch endete bald darauf, und obwohl es noch viele unausgesprochene Dinge zwischen ihnen gab, fühlte Clara sich zum ersten Mal seit Langem ein wenig befreit. Es war, als hätte sie einen Teil der Last, die sie so lange getragen hatte, endlich abgeworfen. Es war noch ein langer Weg, aber sie hatte den ersten Schritt gemacht.

Am Abend saß Clara wieder in ihrer Wohnung und ließ den Tag Revue passieren. Sie hatte endlich den Mut gefunden, ihrer Mutter die Wahrheit zu sagen, und obwohl das Gespräch nicht alle ihre Probleme gelöst hatte, fühlte sie sich dennoch erleichtert. Sie wusste, dass der Vergleich mit Lukas nicht von heute auf morgen verschwinden würde, aber sie hatte begonnen, die Kontrolle über ihre eigenen Gefühle und Erwartungen zu übernehmen.

Mit einem Gefühl der Zuversicht nahm Clara das Buch zur Hand, das sie am Vortag gekauft hatte, und las weiter. Die Worte auf den Seiten fühlten sich jetzt vertrauter an, fast so, als würden sie sie ermutigen, weiterzumachen. Sie wusste, dass es nicht leicht sein würde, aber sie war bereit, sich den Herausforderungen zu stellen.

Draußen war es inzwischen dunkel geworden, und der Mond schien hell über den Dächern der Stadt. Clara schaute aus dem Fenster und lächelte. Der Frühling brachte nicht nur neues Leben in die Welt um sie herum – er brachte auch die Chance, sich selbst neu zu entdecken.

DREI

Es war ein trüber, regnerischer Sonntagmorgen, als Clara schwerfällig aus dem Bett aufstand. Das trübe Licht des Tages drang nur schwach durch die dicken Vorhänge, und draußen prasselte der Regen gegen die Fenster. Clara fühlte sich, als würde der graue Himmel sich auf ihr Gemüt legen. Sie hatte die halbe Nacht wachgelegen, die Gedanken in ihrem Kopf hatten sie nicht losgelassen. Jetzt, am Morgen, spürte sie eine seltsame Leere, als ob ihr Leben in einem unendlichen Stillstand gefangen wäre.

Sie zog sich einen dicken Pullover über und tappte barfuß in die Küche. Die Wohnung war still, viel zu still. Früher hatte sie das Summen der Kaffeemaschine und Thomas' ruhiges Atmen gehört, während er morgens seine Routine durchlief. Er war immer der Erste gewesen, der aufgestanden war, hatte den Kaffee gemacht und die Tageszeitung gelesen, bevor Clara aus dem Bett kam. Diese vertrauten Geräusche waren für sie wie ein Hintergrundrauschen gewesen, das ihr Sicherheit gab. Jetzt, da sie allein war, fühlte sich die Stille in der Wohnung fast erdrückend an.

Clara setzte sich mit einer Tasse Kaffee an den Esstisch und starrte aus dem Fenster. Der Regen lief in kleinen Bächen das Glas hinunter. Früher hatte sie auf langen Autofahrten mit Ihrem Bruder immer Wassertropfenwettrennen gespielt. Sie hatte sofort wieder den Geruch des alten Audi 80 Ihrer Eltern.in der Nase. Bei dem Gedanken daran musste sie schmunzeln.

Die Straßen draußen waren menschenleer. Kein Mensch hatte es bei diesem Wetter eilig, draußen zu sein, und auch Clara verspürte keinen Drang, das Haus zu verlassen. Heute würde sie sich in ihrer Einsamkeit suhlen, so wie sie es in den letzten Wochen fast jeden Sonntag getan hatte.

Ihr Blick wanderte durch das Wohnzimmer und blieb an einer alten Schublade hängen. Diese Schublade hatte sie schon lange nicht mehr geöffnet. Sie wusste genau, was darin lag – alte Fotoalben, die sie bewusst in Vergessenheit geraten ließ. Sie hatte schon oft darüber nachgedacht, sie wegzuwerfen, aber ein Teil von ihr hatte das nicht übers Herz gebracht. Vielleicht, dachte sie, war es heute an der Zeit, die Erinnerungen herauszuholen.

Mit einem tiefen Atemzug stand sie auf, ging zu der Schublade und zog sie auf. Darin lagen mehrere Alben, verstaubt und vergessen. Sie zog das Oberste heraus und setzte sich damit auf das Sofa. Ihre Hände schwitzten leicht, als sie die erste Seite aufschlug. Bilder aus ihrer Kindheit tauchten vor ihren Augen auf – Geburtstagsfeiern, Weihnachten mit ihrer Familie, Sommerurlaube am Strand. Ihre Eltern sahen so jung aus, ihre Gesichter waren voller Lächeln und Hoffnung. Und auch Clara selbst strahlte auf den Fotos. Sie sah glücklich aus, unbeschwert, als würde ihr die Welt gehören.

Sie blätterte weiter und hielt schließlich bei einem Bild inne. Es zeigte sie am Strand, etwa sieben Jahre alt. Sie hielt einen hellblauen Drachen in der Hand, ihr Gesicht war von einem breiten Lächeln erleuchtet, und der Himmel hinter ihr war strahlend blau. Es war ein so lebendiges Bild, dass Clara spüren konnte, wie die Erinnerungen an diesen Tag in ihr aufstiegen.

„Das war ein schöner Tag", murmelte sie zu sich selbst, während sie das Bild betrachtete.

Clara erinnerte sich gut an diesen Sommer. Sie und ihre Eltern hatten den ganzen Tag am Strand verbracht, und sie hatte stundenlang mit ihrem Drachen gespielt. Der Wind war perfekt gewesen, und der Drachen war so hoch gestiegen, dass sie dachte, er könnte die Wolken berühren. In diesem Moment hatte sie sich frei gefühlt, als könnte sie alles erreichen, was sie wollte. Das Leben war so einfach gewesen, so voller Möglichkeiten. Damals hatte sie sich in ihren Träumen verloren – sie wollte Schriftstellerin werden, die Welt bereisen, Geschichten erzählen, die die Herzen der Menschen berühren würden.

Doch jetzt, viele Jahre später, fühlte sie sich weit entfernt von diesem Mädchen. Die Träume, die sie einst gehabt hatte, waren verblasst, begraben unter den Lasten des Alltags. Ihr Job, ihre gescheiterte Ehe, das Gefühl, in einer Welt zu leben, die sie nicht verstand – all das hatte sie müde gemacht. Sie wusste nicht mehr, wer sie war oder was sie wollte.

Während sie das Bild weiter betrachtete, spürte sie, wie sich eine Träne in ihrem Augenwinkel bildete. Sie wischte sie schnell weg, bevor sie richtig fließen konnte. Es half nichts, in der Vergangenheit zu verweilen. Das hatte ihr Leben doch nur komplizierter gemacht.

Gerade als sie das Fotoalbum zuklappen wollte, vibrierte ihr Handy auf dem Couchtisch. Sie griff danach und war überrascht, eine Nachricht mit unbekannter Nummer zu sehen.

„Hey Clara, wie geht's dir? Lange nichts mehr von dir gehört! LG Jonas"

Jonas war ein alter Freund, den sie seit Jahren nicht mehr gesehen hatte. Sie hatten früher viel Zeit miteinander verbracht, aber wie es oft passiert, hatten sich ihre Wege irgendwann getrennt. Clara starrte auf die Nachricht und spürte, wie sich eine leichte Nervosität in ihrem Magen ausbreitete. Sie hatte nicht damit gerechnet, jemals wieder von Jonas zu hören. Früher hatten sie oft über das Leben, ihre Träume und Ängste gesprochen. Jonas war jemand gewesen, mit dem sie sich immer gut verstanden hatte, aber da war auch immer eine unausgesprochene Spannung zwischen ihnen gewesen – eine Spannung, die sie nie richtig geklärt hatten.

Mit leicht zitternden Fingern antwortete sie: „Hey Jonas! Mir geht's gut. Und dir?" Es dauerte nicht lange, bis Jonas antwortete. „Mir geht's auch gut. Hast du Lust, mal wieder einen Kaffee zu trinken?"

Clara lächelte leicht. Der Gedanke, Jonas wiederzusehen, ließ ein Kribbeln in ihr aufsteigen, das sie schon lange nicht mehr gespürt hatte. Ein Teil von ihr war neugierig, während ein anderer Teil unsicher war, was dieses Treffen bedeuten könnte. „Klar, warum nicht? Sag einfach wann und wo", tippte sie und legte das Handy beiseite.

Nachdem sie die Nachricht abgeschickt hatte, setzte sie sich zurück aufs Sofa und atmete tief durch. Jonas war immer jemand gewesen, der sie aus ihrer Komfortzone herausgeholt hatte. Sie wusste, dass dieses Treffen mehr sein könnte als nur ein Wiedersehen alter Freunde. Aber war sie bereit dafür?

Während sie darüber nachdachte, spürte sie, wie sich der Regen draußen verstärkte. Es war, als würde der Himmel ihre inneren Unruhen widerspiegeln. Sie zog die Beine an ihre Brust und umklammerte ihre Tasse Kaffee, während ihre Gedanken zu Jonas und dem bevorstehenden Treffen wanderten. War es nur Nostalgie, die sie zurückzog, oder lag da mehr in der Luft?

VIER

Es war eine der kältesten Wochen im Frühling, und Clara fühlte die frostige Kälte tief in sich, als sie versuchte, sich in ihre Arbeit zu stürzen. Die lebhaften Farben des Frühlings hatten für sie keine Bedeutung mehr. Sie konnte das Grün der sprießenden Blätter nicht genießen, die frischen Blumen in den Beeten ließen sie kalt, und die klare Luft brachte keine Erleichterung. Alles in ihr fühlte sich an wie ein endloses Blau, das keine Wärme zuließ. Es war einfacher, sich in ihre Arbeit zu flüchten, um nicht an all das denken zu müssen, was sich in den letzten Wochen aufgestaut hatte.

Sie hatte das Gespräch mit ihrer Mutter geführt, das erste Mal ihre tiefsten Unsicherheiten ausgesprochen, und es hatte ihr für einen kurzen Moment Erleichterung gebracht. Doch das Gefühl, befreit zu sein, war nur von kurzer Dauer. Bald war der alte Druck zurückgekehrt, und Clara spürte, dass sie immer noch im Schatten ihres Bruders Lukas stand. Sie hatte zwar den Mut gefunden, sich ihren Eltern gegenüber zu öffnen, doch die Vergleiche, die sie ihr ganzes Leben begleitet hatten, waren tiefer verwurzelt, als sie zunächst gedacht hatte.

In ihrem Job war es einfach, diese Gedanken zu verdrängen. Grafikdesign war etwas, das Clara früher mit Freude erfüllt hatte – die Möglichkeit, kreativ zu sein, Farben und Formen zu kombinieren, hatte ihr stets eine Art von Zufriedenheit gegeben, die sie in anderen Lebensbereichen oft vermisste. Doch jetzt war nichts mehr übrig von dieser Kreativität. Stattdessen hatte sich ihr Alltag in der Agentur in eine mechanische Routine verwandelt, die keinen Raum für Inspiration ließ.

An diesem Nachmittag saß Clara an ihrem Schreibtisch, die Hände auf der Tastatur, und starrte auf den leeren Bildschirm vor sich. Das Cursor blinkte ungeduldig, als wolle es sie dazu drängen, endlich etwas zu schreiben. Doch sie konnte nicht. Sie hatte nichts zu geben, keine Ideen, keine Inspiration, die Farben in ihrem Kopf waren verblasst.

Sie legte die Hände in den Schoß und lehnte sich zurück. Ihr Blick wanderte zu dem Fenster des Büros, hinter dem der Himmel in einem fast surrealen Blau leuchtete. Sie fühlte sich, als würde sie in dieses Blau hineingesogen werden, als ob es sie verschlucken würde. In ihrem Inneren war nichts außer einer Leere, die sie nicht füllen konnte, egal wie sehr sie es versuchte. Früher war die Arbeit ihr Anker gewesen, der sie davor bewahrt hatte, sich in den Unsicherheiten ihres Lebens zu verlieren. Doch jetzt schien auch dieser Anker nicht mehr zu greifen.

Die Tür zum Büro öffnete sich leise, und ihre Kollegin Sarah trat ein. Sie schien zu bemerken, dass etwas nicht stimmte, und ging langsam auf Clara zu.

„Alles okay bei dir?" fragte Sarah und setzte sich an Claras Schreibtisch.

Clara versuchte, ein Lächeln hervorzubringen, doch es fühlte sich schwach und falsch an. „Ja, alles gut. Ich habe nur eine kleine kreative Blockade."

„Kreative Blockaden haben wir alle mal", sagte Sarah verständnisvoll. „Aber bei dir scheint es mehr zu sein. Du wirkst in letzter Zeit so... abwesend."

Clara wusste, dass sie es nicht weiter leugnen konnte. Sarah hatte recht. Sie war abwesend – nicht nur in der Arbeit, sondern in ihrem ganzen Leben. Seit dem Gespräch mit ihrer Mutter hatte sie das Gefühl, dass sie sich auf einer Reise befand, deren Ziel sie nicht kannte. Sie wusste nur, dass sie nicht länger in ihrem alten Muster verharren konnte.

„Ich denke, ich stecke in einer Krise", gab Clara schließlich zu und sah Sarah an. „Ich weiß nicht mehr, was ich will. Früher habe ich die Arbeit geliebt, aber jetzt... es fühlt sich alles falsch an."

Sarah legte den Kopf schief und musterte sie nachdenklich. „Vielleicht ist es Zeit, etwas Neues auszuprobieren. Manchmal, wenn man zu tief in einer Sache steckt, hilft es, sich eine Auszeit zu nehmen und den Kopf freizubekommen."

Clara nickte, aber die Vorstellung, einfach eine Pause zu machen, brachte ihr keine Erleichterung. Es fühlte sich an, als wäre der Knoten in ihr zu fest, um ihn durch eine kurze Auszeit zu lösen. Sie wusste, dass sie tiefer graben musste, um herauszufinden, was wirklich nicht stimmte.

„Vielleicht hast du recht", sagte Clara leise. „Ich brauche wohl wirklich eine Auszeit."

Sarah stand auf und klopfte Clara leicht auf die Schulter. „Es wird schon wieder, Clara. Du bist eine der kreativsten Personen, die ich kenne. Aber du musst dir erlauben, auch mal durchzuhängen. Das gehört dazu."

Als Sarah den Raum verließ, blieb Clara allein zurück, und obwohl Sarahs Worte gut gemeint waren, fühlte Clara, dass ihre Krise tiefer ging als nur eine einfache kreative Blockade. Sie war nicht mehr sicher, wer sie war oder was sie wollte, und das war das eigentliche Problem. Nicht die Arbeit, nicht die Kreativität – sondern die Frage nach ihrem Platz im Leben.

Die restliche Woche verlief wie in einem grauen Nebel. Clara arbeitete, erledigte ihre Aufgaben, aber innerlich fühlte sie sich wie betäubt. Sie wusste, dass sie nicht weitermachen konnte wie bisher, aber sie wusste auch nicht, wie sie aus dieser Spirale herauskommen sollte. Das Gespräch mit ihrer Mutter hatte ihr zwar einen kurzen Moment der Klarheit verschafft, doch jetzt fühlte sich alles wieder verschwommen an.

An einem Freitagnachmittag, als das Büro sich langsam leerte und das Wochenende näher rückte, blieb Clara noch länger am Schreibtisch sitzen. Die Sonne stand tief am Himmel, und ihr Licht tauchte den Raum in ein goldenes Glühen. Clara hatte gehofft, dass sie in dieser ruhigen Atmosphäre vielleicht wieder zu sich finden würde, aber die Stille in ihrem Inneren blieb erdrückend.

In einem Moment der Verzweiflung stand sie auf und griff nach ihrer Tasche. Sie wusste nicht, wohin sie gehen wollte, aber sie wusste, dass sie hier nicht bleiben konnte. Ihre Schritte führten sie hinaus auf die Straßen der Stadt, die an diesem Abend voller Leben und Bewegung waren. Die Menschen um sie herum schienen alle in Eile zu sein, alle auf dem Weg zu etwas, das ihnen wichtig war. Doch Clara hatte kein Ziel, keinen Plan.

Ihre Gedanken wanderten zu Lukas. Sie wusste, dass er wahrscheinlich gerade mit seiner Familie zusammensaß, vielleicht ein langes Wochenende mit seinen Kindern plante oder sich auf das nächste große Projekt vorbereitete. Lukas schien immer alles so leicht zu machen, als wäre das Leben nur eine Abfolge von Entscheidungen, die er mit Leichtigkeit traf. Sie hatte es ihm nie gesagt, aber manchmal beneidete sie ihn um diese Klarheit.

Warum kann ich nicht auch so sein? fragte sich Clara, als sie ziellos durch die Straßen lief. *Warum weiß ich nicht, was ich will?* Die Frage bohrte sich immer tiefer in ihr Bewusstsein, und sie wusste, dass sie nicht länger vor ihr weglaufen konnte.

Als Clara in der Ferne einen kleinen Park entdeckte, beschloss sie, sich für einen Moment zu setzen und einfach nachzudenken. Der Park war fast leer, nur ein paar Menschen saßen auf den Bänken, und die Bäume warfen lange Schatten auf den Weg. Clara setzte sich auf eine der Bänke und starrte in die Ferne.

Die Stille um sie herum war erdrückend. Sie fühlte sich, als wäre sie in einem tiefen, endlosen Ozean gefangen, der sie langsam hinunterzog. Es gab nichts, woran sie sich festhalten konnte, keine klaren Antworten auf die Fragen, die sie quälten. Sie spürte, wie der Druck auf ihr immer größer wurde, je mehr sie versuchte, an die Oberfläche zu gelangen.

Doch in diesem Moment, als sie in den leeren Himmel über ihr starrte, kam ihr eine Erkenntnis. Vielleicht war es das, was sie die ganze Zeit über falsch gemacht hatte. Vielleicht hatte sie die ganze Zeit versucht, die perfekte Lösung zu finden – die perfekte Antwort auf all ihre Fragen. Aber was, wenn es keine perfekte Antwort gab? Was, wenn sie einfach loslassen musste?

Clara schloss die Augen und ließ den Gedanken in sich sinken. Es fühlte sich an, als würde etwas in ihr nachgeben, als ob der Druck, den sie sich selbst auferlegt hatte, langsam nachließ. Sie musste nicht sofort alle Antworten haben. Sie musste nicht perfekt sein. Vielleicht war es in Ordnung, sich verloren zu fühlen. Vielleicht war das der erste Schritt, um wirklich herauszufinden, was sie wollte.

Als Clara später an diesem Abend nach Hause ging, fühlte sie sich anders. Der Druck war nicht verschwunden, aber er war nicht mehr so erdrückend wie zuvor. Es war, als hätte sie einen kleinen Teil der Last, die sie trug, abgeworfen. Sie wusste, dass der Weg noch lang war, aber sie hatte das Gefühl, dass sie endlich den Mut gefunden hatte, ihn zu gehen.

In ihrer Wohnung angekommen, setzte sie sich an ihren Schreibtisch und öffnete ihren Laptop. Sie hatte seit Tagen nicht mehr geschrieben, hatte nicht die Kraft gefunden, sich der Leere zu stellen, die sie empfand. Doch jetzt fühlte sie sich bereit. Nicht, weil sie die Antworten kannte, sondern weil sie bereit war, sich dem Prozess zu stellen – dem Ungewissen, dem Chaos, dem, was kommen mochte. Sie atmete tief durch, ihre Finger zitterten leicht, als sie die Tasten berührten. Der leere

Bildschirm flimmerte vor ihr, aber es war nicht länger beängstigend. Es war eine Möglichkeit. Ein Anfang. Clara begann zu schreiben. Wort für Wort, Zeile für Zeile. Nicht perfekt, nicht vollständig – aber ehrlich. Sie ließ die Worte fließen, ohne sich Sorgen zu machen, ob sie richtig oder falsch waren. Für den Moment war das genug.

Und vielleicht, dachte sie, war das der wahre Anfang ihrer Reise. Nicht die Suche nach der perfekten Antwort, sondern die Entscheidung, überhaupt erst zu suchen – und die Bereitschaft, das Chaos zu akzeptieren, das damit einherging.

FÜNF

Es war Montagmorgen, und Clara fühlte sich, als hätte sie die Nacht nicht nur zu wenig, sondern gar nicht geschlafen. Die Gedanken an Jonas hatten sie wachgehalten, und obwohl sie versuchte, alles rational zu betrachten, ließ sich dieses nagende Gefühl nicht abschütteln. Es war nur ein Treffen mit einem alten Freund – warum machte sie sich dann so viele Gedanken darüber?

„Du machst dir immer zu viele Gedanken", murmelte sie leise vor sich hin, während sie die Kaffeemaschine einschaltete und das vertraute Geräusch des mahlenden Kaffees die Stille der Wohnung durchbrach. Der Regen prasselte gegen die Fensterscheibe, und draußen war es so grau, dass der Montag sich anfühlte wie eine Verlängerung des Sonntags. In ihrem Inneren spiegelte sich das Wetter wider: Alles schien trüb und schwer, als würde eine unsichtbare Last auf ihr liegen.

Mit der Kaffeetasse in der Hand setzte sie sich an den Küchentisch und starrte auf ihr Handy. Die Nachricht von Jonas blinkte immer wieder in ihrem Kopf auf. *Freitag, 18 Uhr, in der Bar, die wir früher immer besucht haben. Ich freue mich darauf*, hatte er geschrieben. Und Clara hatte geantwortet: *Ich auch*. Doch die Wahrheit war, dass sie sich unsicher fühlte. Sie wusste nicht, was sie sich von diesem Treffen erhoffte. War es

Nostalgie? Oder lag da mehr in der Luft, etwas, das sie nie wirklich angesprochen hatten?

Sie nahm einen Schluck Kaffee und schloss für einen Moment die Augen. Diese Gedanken halfen ihr nicht, im Gegenteil – sie zerrissen sie innerlich. Clara wollte sich auf die Arbeit konzentrieren, wollte den Tag einfach überstehen, ohne ständig an das bevorstehende Treffen zu denken. Doch wie immer, wenn etwas in ihrem Kopf Fuß gefasst hatte, ließ es sie nicht mehr los. Ihre Gedanken sprangen von Jonas zu ihrem Job, von alten Erinnerungen zu den Aufgaben des Tages, und sie fühlte sich wie in einem inneren Sturm gefangen, unfähig, klare Gedanken zu fassen.

Es war schließlich die Zeit, die sie in Bewegung setzte. Die Uhr zeigte bereits halb acht, und sie hatte noch keine Anstalten gemacht, sich für die Arbeit fertig zu machen. Hektisch zog sie sich an, griff ihre Tasche und eilte zur Tür hinaus. Der Regen hatte nachgelassen, aber die Straßen waren noch nass, und der Himmel blieb wolkenverhangen. Clara zog ihren Mantel enger um sich, während sie zur U-Bahn-Station ging. Sie hoffte, dass der Tag irgendwie schnell vergehen würde.

Im Büro angekommen, wurde sie sofort von der üblichen Hektik empfangen. Die Kollegen saßen bereits an ihren Schreibtischen, die Tastaturen klapperten, und der Flur summte vor Gesprächen. Clara seufzte, als sie ihren Schreibtisch erreichte, setzte sich und startete ihren Laptop. Die E-Mails stapelten sich, und in ihrem Kalender leuchtete bereits das erste Meeting des Tages. Ein Meeting, das sie schon jetzt innerlich ermüdete.

„Hey Clara, bereit für die Sitzung?" Lukas, ihr Kollege aus der Marketingabteilung, stand plötzlich neben ihr, einen Kaffeebecher in der Hand. Er grinste breit, wie immer fröhlich und energiegeladen. Clara konnte sich nicht daran erinnern, ihn jemals müde oder überfordert gesehen zu haben.

„Ja, klar", antwortete Clara, obwohl sie sich alles andere als bereit fühlte. „Was steht heute auf dem Programm?"

„Ach, du weißt schon, dieselben alten Probleme. Die Kundenanalyse, die nicht ganz aufgeht, und die neue Strategie, die wir dringend brauchen. Aber ich bin sicher, du hast wieder eine dieser genialen, verrückten Ideen, die uns aus der Patsche helfen." Lukas zwinkerte ihr zu, bevor er sich auf den Weg ins Besprechungszimmer machte.

Clara seufzte leise. Ihre „verrückten Ideen" waren oft genau das Problem. Sie dachte schneller, sprang gedanklich von einem Konzept zum nächsten, und während sie oft brillante Einfälle hatte, die für sie klar und logisch waren, schienen sie für ihre Kollegen zu komplex oder verwirrend. Ihre Gedanken sprangen in einer Art und Weise, die andere nicht nachvollziehen konnten, und oft führte das dazu, dass ihre Vorschläge abgelehnt oder übergangen wurden.

Das Meeting begann pünktlich. Der Raum war voll, und Clara saß zwischen Lukas und ihrer Kollegin Sandra. Auf dem Bildschirm vor ihnen leuchtete eine Grafik mit den aktuellen Verkaufszahlen. Die Stimmung im Raum war gedrückt – die Zahlen gingen zurück, und es war offensichtlich, dass die bisherige Strategie nicht mehr funktionierte.

„Wir müssen schnell reagieren", sagte Herr Meinhardt, ihr Chef, und runzelte die Stirn. „Wenn wir den Abwärtstrend nicht stoppen, werden wir in den nächsten Monaten in ernsthafte Schwierigkeiten geraten."

Clara blickte auf die Zahlen. Ihr fiel sofort etwas auf – ein klarer Trend, den niemand bisher erwähnt hatte. Sie hob die Hand, doch bevor sie etwas sagen konnte, sprach Lukas.

„Vielleicht sollten wir eine neue Zielgruppenanalyse durchführen. Es könnte sein, dass wir uns auf dem falschen Marktsegment konzentrieren."

Clara schüttelte den Kopf. „Ich glaube nicht, dass es daran liegt", sagte sie leise, doch ihre Stimme wurde von den Diskussionen im Raum übertönt.

„Was meinst du, Clara?", fragte Herr Meinhardt, als er ihr auffiel, dass sie sprechen wollte.

„Ich denke, das Problem liegt nicht bei der Zielgruppe", begann sie und zeigte auf die Zahlen. „Seht euch die Verkaufszahlen der letzten zwei Monate an. Es gibt eine deutliche Verschiebung im Konsumverhalten unserer Kunden. Sie kaufen nicht weniger, sondern anders. Sie reagieren nicht auf die traditionellen Marketingstrategien. Was wir brauchen, ist keine neue Analyse, sondern eine sofortige Anpassung unserer Kommunikationsstrategie. Wir sollten uns auf digitale Kanäle und personalisierte Angebote konzentrieren, anstatt weiterhin auf breite Massenwerbung zu setzen."

Für Clara war die Lösung klar und logisch. Die Zahlen sprachen für sich, und sie sah genau, was zu tun war. Doch die Reaktionen ihrer Kollegen zeigten ihr, dass sie nicht verstanden hatten, worauf sie hinauswollte. Lukas runzelte die Stirn und schaute auf die Zahlen, als hätte sie etwas Kompliziertes vorgeschlagen.

„Meinst du nicht, dass wir das erst analysieren sollten?", fragte Sandra zögernd. „Bevor wir alles umstellen?"

„Nein, wir sollten sofort handeln", entgegnete Clara. „Wenn wir noch länger warten, verlieren wir wertvolle Zeit. Die Daten zeigen doch klar, dass die Kunden auf personalisierte Werbung ansprechen."

Herr Meinhardt räusperte sich und schien nachzudenken. „Ich verstehe deinen Punkt, Clara, aber ich denke, wir sollten das erst einmal gründlich prüfen. Eine so drastische Änderung erfordert eine sorgfältige Planung."

Clara fühlte, wie sich eine Welle der Frustration in ihr aufbaute. Sie sah es doch so klar! Warum sahen die anderen es nicht? „Aber wenn wir zu lange warten, könnten wir die Gelegenheit verpassen", versuchte sie erneut.

„Wir werden das Thema in der nächsten Sitzung noch einmal aufgreifen", beschloss Herr Meinhardt schließlich und beendete die Diskussion.

Clara lehnte sich in ihrem Stuhl zurück und spürte, wie die Enttäuschung in ihr wuchs. Wieder einmal hatte sie das Gefühl, dass ihre Ideen nicht ernst genommen wurden, dass sie immer gegen eine unsichtbare Wand rannte. Sie dachte schneller, sah Zusammenhänge, die andere nicht sahen, doch es schien, als wäre sie die Einzige, die die Dringlichkeit spürte.

Als das Meeting vorbei war und die Kollegen den Raum verließen, blieb Clara noch einen Moment sitzen. Ihre Gedanken rasten, sprangen von einem Punkt zum nächsten, ohne dass sie sie bändigen konnte. Sie fühlte sich wie in einem stahlharten Schutzpanzer gefangen – immer versuchte sie, sich anzupassen, sich zu erklären, aber nie gelang es ihr wirklich, verstanden zu werden.

SECHS

Der Rest des Arbeitstages zog sich für Clara wie in Zeitlupe. Das Meeting war kaum eine Stunde her, aber die Enttäuschung darüber, dass ihre Lösungsidee einfach beiseitegeschoben worden war, nagte noch immer an ihr. Sie versuchte, sich auf ihre Aufgaben zu konzentrieren, doch ihre Gedanken kehrten immer wieder zu dem Moment zurück, in dem sie mit ihrer Analyse Recht gehabt hatte, aber niemand ihr Glauben schenkte. Wieder einmal hatte sie das Gefühl, gegen unsichtbare Wände zu stoßen – immer am Rande des Verständnisses, aber nie wirklich gehört zu werden.

Ihre Finger tippten mechanisch auf der Tastatur, während sie die Zahlen in die Tabelle eintrug, aber ihr Kopf war weit weg. Es war ein Gefühl, das sie nur allzu gut kannte: ein innerer Knoten, der sich immer fester zog, je mehr sie versuchte, ihre Gedanken zu ordnen. Es war, als hätte ihr Kopf ein Eigenleben, als wären die Ideen und Gedankensprünge zu schnell, um sie in Worte zu fassen. Für die anderen sah es oft so aus, als würde sie abschweifen oder unkonzentriert sein, doch Clara wusste, dass das Gegenteil der Fall war. Ihr Kopf arbeitete einfach anders.

Als der Arbeitstag sich dem Ende neigte, fühlte Clara sich ausgelaugt. Sie verabschiedete sich kurz von ihren Kollegen, die schon im Feierabend-Modus waren, und machte sich auf den Weg nach Hause. Draußen hatte der Regen wieder eingesetzt, und die Straßen glänzten unter dem Licht der Straßenlaternen. Clara zog ihren Mantel enger um sich und spürte, wie der kalte Wind durch ihre Haare wehte. Normalerweise genoss sie den Regen – er hatte etwas Beruhigendes, fast Meditatives. Doch heute war selbst das Geräusch der Tropfen, die auf ihren Regenschirm trommelten, nur eine weitere Ablenkung von dem, was in ihrem Inneren tobte.

Auf dem Weg zur U-Bahn-Station holte sie ihr Handy heraus. Eine neue Nachricht von Jonas blinkte auf dem Display.

Jonas: „Freitag, 18 Uhr in der Bar, ich freue mich schon."

Clara starrte auf die Nachricht, während sie im Regen stand. Ihr Herz schlug schneller, und plötzlich fühlte sie sich nicht mehr so müde. Sie hatte das Treffen fast vergessen, aber jetzt, da sie die Nachricht las, kehrten die Gedanken an Jonas mit voller Wucht zurück. Was würde dieses Treffen bringen? Und warum war sie so nervös deswegen?

Es war seltsam, wie sehr sie sich auf das Wiedersehen freute und gleichzeitig davor zurückschreckte. Jonas war jemand, den sie immer bewundert hatte – für seine Klarheit, seine Offenheit, seine Fähigkeit, in jedem Gespräch eine Leichtigkeit zu finden, die Clara oft fehlte. Doch er war auch jemand, der sie in einer Weise herausforderte, die sie nervös machte. Früher hatten sie oft über tiefgründige Themen gesprochen, aber immer war da eine unausgesprochene Spannung zwischen ihnen gewesen, die nie wirklich geklärt wurde.

Mit zitternden Fingern antwortete sie: „Ich freue mich auch."

Das Tippen der Worte fiel ihr schwerer, als sie erwartet hatte. Clara schob das Handy in ihre Tasche und ging weiter. Ihre Schritte wurden schneller, als würde sie vor den Gedanken davonlaufen, die sie schon den ganzen Tag über begleitet hatten. Sie wusste, dass sie sich diesem Treffen stellen musste – nicht nur Jonas, sondern auch sich selbst.

Als sie schließlich zu Hause ankam, ließ sie die Tür hinter sich ins Schloss fallen und lehnte sich für einen Moment dagegen. Die Stille in der Wohnung empfing sie wie eine schwere Decke, die sich über ihre Schultern legte. Clara atmete tief durch und ging direkt ins Schlafzimmer, wo sie sich aufs Bett setzte. Sie wusste, dass sie nicht einfach die Gedanken an Jonas oder das frustrierende Meeting abschütteln konnte. Es war, als würde alles gleichzeitig auf sie einstürzen: die Selbstzweifel, die Unzufriedenheit mit ihrer Arbeit, das Gefühl, anders zu sein, und die Unsicherheit, die Jonas in ihr auslöste.

„Was machst du hier, Clara?", fragte sie leise in die Dunkelheit des Raumes. Doch die Frage blieb unbeantwortet.

Sie zog ihre Schuhe aus, legte sich aufs Bett und starrte an die Decke. Der Tag war so typisch gewesen – und doch so aufwühlend. Auf der einen Seite war da das Gefühl der Frustration, das sie immer wieder bei der Arbeit begleitete. Warum konnte sie nicht einfach wie die anderen sein? Warum sprangen ihre Gedanken immer so weit voraus, dass niemand ihr folgen konnte? Es war, als würde sie auf einer völlig anderen Frequenz senden, die niemand außer ihr verstehen konnte.

Auf der anderen Seite war da Jonas. Das bevorstehende Treffen mit ihm fühlte sich an, als würde sie auf eine Kreuzung zusteuern, bei der sie nicht wusste, welchen Weg sie einschlagen sollte. Alte Gefühle und Erinnerungen, die sie so lange weggeschoben hatte, drängten plötzlich an die Oberfläche. War das wirklich nur ein harmloses Treffen mit einem alten Freund? Oder wollte sie mehr?

Sie setzte sich auf und griff nach dem Foto, das sie vor ein paar Tagen in der Schublade gefunden hatte – das Bild von ihr als kleines Mädchen, am Strand mit dem blauen Drachen. Clara sah sich selbst an, wie sie lachend in die Kamera blickte, unbeschwert und voller Hoffnung. Sie hatte sich so stark verändert. Früher hatte sie die Welt voller Möglichkeiten gesehen, doch jetzt schien alles so kompliziert. Es war, als hätte sie das Blau des Himmels verloren, das damals so strahlend gewesen war.

„Wo bist du hin, Clara?", fragte sie sich wieder, diesmal lauter.

Sie dachte an die Gespräche mit Lena, die sie in der Bar getroffen hatte. Lena hatte sie ermutigt, ihre ungewöhnliche Denkweise nicht als Schwäche zu sehen, sondern als etwas Einzigartiges. Doch selbst wenn Lena recht hatte – wie konnte Clara das in einer Welt nutzen, die sie ständig missverstand?

Ihre Gedanken wanderten zurück zum Meeting. Sie hatte die Lösung gesehen, klar und deutlich, doch niemand hatte ihr geglaubt. Wie oft war das schon passiert? Und wie oft hatte sie sich eingeredet, dass es an ihr lag? Sie fühlte sich immer wieder wie ein Puzzlestück, das in kein Muster passen wollte. Ihre Kollegen arbeiteten nach einem klaren Plan, strukturiert, logisch – und Clara? Ihre Gedanken sprangen von einem Punkt zum nächsten, manchmal so schnell, dass sie selbst Schwierigkeiten hatte, sie zu fassen. Doch anstatt das als Stärke zu sehen, fühlte sie sich immer mehr isoliert.

„Vielleicht hat Lena recht", flüsterte sie in die Stille. Vielleicht war es an der Zeit, sich selbst nicht mehr im Weg zu stehen. Vielleicht musste sie aufhören, sich ständig anpassen zu wollen, und stattdessen ihre eigene Art zu denken und zu handeln akzeptieren.

Doch der Gedanke machte ihr Angst. Veränderung war immer beängstigend, besonders wenn man nicht wusste, was auf einen zukam. Clara schloss die Augen und atmete tief durch. Sie wusste, dass sie die Antworten nicht sofort finden würde – weder auf die Fragen, die ihre Arbeit betrafen, noch auf die, die Jonas betrafen. Aber sie wusste, dass sie handeln musste. Irgendetwas musste sich ändern, bevor sie sich endgültig in ihrem eigenen Labyrinth verlor.

Plötzlich vibrierte ihr Handy wieder. Eine weitere Nachricht von Jonas. „Ich bin neugierig, was du mir alles zu erzählen hast. Es ist so viel Zeit vergangen." Clara las die Nachricht mehrmals. Jonas war neugierig auf sie – auf ihr Leben, auf ihre. Geschichten. Früher hatte sie immer das Gefühl gehabt, dass er sie besser verstand als die meisten Menschen. Vielleicht war das auch der Grund, warum sie sich so auf dieses Treffen freute. Vielleicht konnte Jonas ihr helfen, die Dinge klarer zu sehen. Aber würde sie bereit sein, ihm all das zu erzählen, was in ihr vorging? Konnte sie ihm von den Selbstzweifeln, den ständigen Fragen und dem Gefühl erzählen, dass sie in einer Welt lebte, die sie nicht ganz verstand?

Mit einem tiefen Atemzug legte sie das Handy beiseite. Sie wusste, dass sie sich diesen Fragen bald stellen musste – doch nicht heute. Heute wollte sie einfach nur einen Moment Ruhe finden, bevor der Sturm in ihrem Kopf wieder losbrach.

SIEBEN

Der Dienstag begann so, wie der Montag geendet hatte: Clara fühlte sich schwer und gedankenverloren, als sie ihre Tasse Kaffee in den Händen hielt und durch das Küchenfenster starrte. Draußen glitzerten die Straßen immer noch vom Regen der vergangenen Nacht, und die Welt schien in verschiedenen Schattierungen von Grau und Blau getaucht. In ihrem Kopf herrschte ein ähnliches Bild – alles war diffus, undeutlich, und sie konnte keinen klaren Gedanken fassen.

Normalerweise war der Morgen ihre Zeit, um sich zu sammeln. Der Kaffee, das gleichmäßige Prasseln der Kaffeemaschine und die Stille der Wohnung gaben ihr die Ruhe, die sie brauchte, um den Tag zu beginnen. Doch heute war alles anders. Ihr Kopf war zu voll. Voller Fragen, Zweifel und dem unaufhörlichen Gefühl, dass sie irgendwo falsch abgebogen war.

Clara atmete tief durch, stand auf und stellte die leere Kaffeetasse in die Spüle. Es half nichts, sie musste zur Arbeit. Doch während sie sich anzog, spürte sie, wie sich eine tiefe Unzufriedenheit in ihr ausbreitete. Sie hatte es satt, sich jeden Tag durch die gleichen Aufgaben zu schleppen, während sie das Gefühl hatte, nicht richtig verstanden zu werden. Ihre Kollegen waren nett, sicher, aber es war immer dasselbe: Sie sprach, sie erklärte, und am Ende schien es, als ob sie auf einer anderen Frequenz kommunizierte, die niemand außer ihr verstehen konnte.

In der U-Bahn auf dem Weg zur Arbeit zog sie ihr Notizbuch aus der Tasche. Sie hatte sich angewöhnt, ihre Gedanken aufzuschreiben, wenn sie das Gefühl hatte, dass sie sonst den ganzen Tag über in ihrem Kopf umherwirbeln würden. Heute war es nicht anders. Sie schrieb: Warum ist alles so schwer? Warum kann ich nicht einfach zufrieden sein mit dem, was ich habe?

Der Stift kratzte über das Papier, und Clara spürte, wie eine Welle der Frustration in ihr aufstieg. Sie dachte an das Meeting vom Vortag. Sie hatte die Lösung gehabt, klar und einfach, doch niemand hatte ihr zugehört. Warum passierte das immer wieder? Warum war sie immer diejenige, die Missverständnisse klären musste, als ob sie in einer fremden Sprache sprach?

Als sie das Büro betrat, war die Hektik des Morgens bereits in vollem Gange. Ihre Kollegen saßen an ihren Schreibtischen, vertieft in Gespräche und die üblichen morgendlichen Aufgaben. Clara setzte sich an ihren eigenen Platz und fuhr ihren Laptop hoch. Sie hatte eine lange Liste von Dingen zu erledigen, doch die Gedanken an die gestrigen Ereignisse ließen sie nicht los.

Es dauerte nicht lange, bis Lukas, ihr Kollege aus der Marketingabteilung, neben ihr auftauchte. „Hey Clara, hast du das Material für die Präsentation schon fertig? Wir müssen das bis morgen an den Vorstand schicken." Clara nickte, ohne wirklich darüber nachzudenken. „Ja, fast. Ich muss noch die letzten Daten einpflegen." Lukas lächelte sie an, als ob er ihre Anspannung nicht bemerkte. „Super. Ich wusste, dass ich mich auf dich verlassen kann."

Er verschwand wieder in Richtung seines Schreibtischs, und Clara starrte auf den Bildschirm vor sich. Die Präsentation war fast fertig, das stimmte, aber ihr Kopf war alles andere als klar.

Die Daten, die sie einpflegen musste, tanzten vor ihren Augen, und sie konnte sich nicht konzentrieren.

„Warum geht das nicht einfacher?", murmelte sie zu sich selbst. Es war, als ob ihre Gedanken zu schnell sprangen, als könnte sie keinen klaren Faden finden, dem sie folgen konnte. Sie wusste, dass die Präsentation wichtig war, aber in diesem Moment fühlte es sich an, als würde sie gegen einen unsichtbaren Widerstand arbeiten.

Es war nicht das erste Mal, dass sie dieses Gefühl hatte. Immer wieder war es ihr passiert, dass sie im Beruf auf Hindernisse stieß, die für andere nicht existierten. Ihre Gedankengänge waren oft zu komplex oder sprunghaft, als dass ihre. Kollegen ihr folgen konnten. Für sie war alles klar – sie sah die Lösungen, die Zusammenhänge, doch wenn sie es erklärte, schien es, als ob die anderen sie nicht verstanden. Es frustrierte sie zutiefst.

Gegen Mittag stand Clara auf und ging in den Pausenraum. Sie brauchte einen Moment der Ruhe, weg von den Bildschirmen, den Zahlen und den ständigen Gesprächen, die sich in ihrem Kopf verhedderten. Sandra saß bereits an einem der Tische, eine Tasse Tee vor sich.

„Hey Clara", rief sie ihr zu und winkte sie heran. „Setz dich doch." Clara nahm Platz und zwang sich zu einem Lächeln. „Wie läuft's bei dir?" Sandra zuckte mit den Schultern. „Ach, das Übliche. Stress, Meetings, zu viele E-Mails. Aber ich glaube, das kennst du ja." Clara nickte nur. Sie wusste nicht, wie sie ihre eigene innere Anspannung in Worte fassen sollte. Stattdessen trank sie einen Schluck Wasser und versuchte, sich auf das Gespräch zu konzentrieren. „Ich habe das Gefühl, du bist in letzter Zeit ein bisschen abwesend", sagte Sandra plötzlich. „Alles okay bei dir?" Clara zögerte. Sie hätte ihr gerne von den Selbstzweifeln erzählt, davon, dass sie das Gefühl hatte, ständig missverstanden zu werden. Doch sie wusste, dass Sandra sie nicht wirklich verstehen würde. „Ja, ich bin nur müde. Es ist viel los in letzter Zeit." Sandra nickte verständnisvoll. „Das kenne ich. Du solltest dir mal ein Wochenende freinehmen. Einfach mal abschalten." Clara lächelte schwach. „Vielleicht sollte ich das wirklich tun." Doch innerlich wusste sie, dass es nicht so einfach war. Es war nicht nur die Müdigkeit oder der Stress. Es war das Gefühl, dass sie irgendwo nicht hineinpassen konnte – weder in den Job noch in die Welt um sie herum. Es war, als ob sie ständig gegen eine unsichtbare Mauer lief, die sie davon abhielt, verstanden zu werden.

Zurück an ihrem Schreibtisch starrte Clara auf die unvollständige Präsentation. Sie wusste, dass sie sie bis zum Ende des Tages fertigstellen musste, aber ihre Gedanken waren zu sehr in ihrem eigenen Kopf gefangen. Sie seufzte tief und versuchte, sich zu konzentrieren, doch es war, als würden die Worte und Zahlen vor ihren Augen verschwimmen. Nach einem weiteren frustrierenden Versuch legte sie ihre Hände auf die Tastatur und schloss für einen Moment die Augen. Was war nur los mit ihr? Warum konnte sie sich nicht einfach auf das Hier und Jetzt konzentrieren, anstatt immer in ihren Gedanken zu versinken?

Das Gefühl des Andersseins – es verfolgte sie, egal wo sie war. Es war, als wäre sie ein Puzzlestück, das nirgendwo hineinpasste. Ihre Ideen, ihre schnellen Gedankensprünge, ihre Art, Probleme zu lösen – all das fühlte sich falsch an in einer Welt, die klar strukturierte, einfache Lösungen bevorzugte.

Clara öffnete die Augen und sah auf ihre Hände. Vielleicht war es an der Zeit, etwas zu ändern. Vielleicht war es Zeit, sich ihrer Andersartigkeit zu stellen, anstatt ständig zu versuchen, sie zu verbergen.

Doch wie? Wie sollte sie das anstellen? Und würde es überhaupt etwas ändern?

ACHT

Am Donnerstagabend saß Clara auf ihrem Bett, ihr Handy fest in der Hand. Sie starrte auf die Nachricht von Jonas, die am Morgen gekommen war: „Freitag, 18 Uhr in der Bar. Ich freue mich wirklich darauf." Für einen Moment hatte sie sich gefreut, doch jetzt spürte sie nur noch eine erdrückende Last in ihrer Brust. Der Gedanke, Jonas zu treffen, ihn anzusehen und so zu tun, als wäre alles in Ordnung, fühlte sich plötzlich falsch an. Sie konnte das nicht – nicht jetzt.

Sie war hin und her gerissen, als sie begann eine Antwort zu tippen. „Es tut mir leid, Jonas, aber ich muss unser Treffen verschieben. Es ist gerade so viel los, und ich brauche ein bisschen Zeit für mich." Sie starrte auf den Text, unsicher, ob sie ihn wirklich abschicken sollte. Jonas würde enttäuscht sein, das wusste sie. Aber tief in ihrem Inneren spürte Clara, dass es die richtige Entscheidung war. Sie konnte ihn jetzt nicht treffen. Es war nicht der richtige Moment.

Mit einem tiefen Atemzug schickte sie die Nachricht ab. Sofort fühlte sie eine Welle der Erleichterung, die durch ihren Körper strömte, gefolgt von einem Hauch von Schuld. Doch die Erleichterung überwog – zumindest für den Moment.

Clara legte das Handy beiseite und stand auf. Sie ging zum Fenster und schaute hinaus in die Nacht. Die Straßen waren ruhig, nur das sanfte Rauschen der Autos in der Ferne durchbrach die Stille. Es war das erste Mal seit Wochen, dass sie sich selbst eingestand, wie erschöpft sie wirklich war. Sie hatte die letzten Monate in einem Zustand der Daueranspannung verbracht – ständig versuchte sie, den Erwartungen anderer gerecht zu werden, sei es in der Arbeit oder in ihrem persönlichen Leben. Doch in all dem hatte sie sich selbst völlig verloren.

Während sie ins Dunkel starrte, kam ihr ein Gedanke. Sie brauchte Abstand. Abstand von allem, von der Arbeit, von den Menschen um sie herum, von ihren eigenen verwirrenden Gedanken. Sie brauchte einen Ort, an dem sie zur Ruhe kommen konnte, an dem sie für einen Moment die Stille finden konnte, die ihr so sehr fehlte. Sie erinnerte sich daran, dass eine Freundin ihr vor einiger Zeit von einem Yoga-Retreat erzählt hatte. Damals hatte Clara darüber gelächelt – sie war nie der Typ für Yoga gewesen, für Meditation oder Rückzug in die Natur. Doch jetzt, wo sie so ausgebrannt war, erschien ihr die Idee plötzlich sehr verlockend.

Clara griff nach ihrem Laptop und begann zu suchen. Es dauerte nicht lange, bis sie ein Retreat fand, das am Wochenende begann. Es lag abgelegen, in den Bergen, umgeben von Wäldern und weit entfernt vom hektischen Treiben der Stadt. Ohne groß nachzudenken, buchte sie einen Platz. Sie hatte keine Ahnung, was sie dort erwartete, aber das war ihr in diesem Moment egal. Sie wusste nur, dass sie weg musste.

Freitagmorgen war hektisch, wie immer. Clara hatte sich bewusst dazu entschlossen, nicht ins Büro zu gehen, sondern von zu Hause auszuarbeiten, um sich auf das bevorstehende Wochenende vorzubereiten. Ihre Kollegen hatten es erstaunlich leicht akzeptiert, als sie erklärte, dass sie ein paar Tage für sich brauchte. Vielleicht hatten sie die unterschwellige Erschöpfung bemerkt, die Clara in den letzten Wochen durch ihren Alltag getragen hatte.

Als der Nachmittag kam, packte sie ihre Tasche. Sie packte nur das Nötigste ein: ein paar bequeme Kleidung, ein Buch, das sie seit Monaten nicht mehr angerührt hatte, und ihre Yogamatte, die sie vor Jahren einmal gekauft, aber nie wirklich benutzt hatte. Sie wusste, dass das Wochenende nicht einfach werden würde – sie war es nicht gewohnt, sich so viel Zeit für sich selbst zu nehmen, und die Vorstellung, die Welt einfach für ein paar Tage hinter sich zu lassen, war beängstigend. Aber es war notwendig.

Die Fahrt zum Retreat war lang und einsam. Clara fuhr über Landstraßen, vorbei an Feldern und Wäldern, die sich im sanften Licht des späten Nachmittags wie ein endloser Teppich aus Grün und Gold erstreckten. Der Himmel war klar, das Blau des Himmels tief und ruhig, und für einen Moment fühlte sich Clara fast leicht. Es war, als würde die Weite der Landschaft ihr erlauben, endlich wieder frei zu atmen.

Als sie schließlich das Retreat erreichte, war es fast Abend. Das Gebäude, ein schlichtes, aber elegantes Holzhaus, lag versteckt inmitten von hohen Bäumen. Es war still, so still, dass Clara das Knirschen des Kieses unter ihren Schuhen laut vorkam, als sie aus dem Auto stieg. Ein Mann Mitte fünfzig, in bequemen Leinenkleidern, begrüßte sie an der Rezeption. Er lächelte warm, als hätte er schon viele Menschen wie Clara gesehen – Menschen, die vor der Hektik des Alltags geflüchtet waren, um sich hier wiederzufinden.

„Willkommen", sagte er leise. „Du bist gerade rechtzeitig angekommen. In einer halben Stunde beginnt unsere erste Meditationsrunde. Vielleicht möchtest du mitmachen?"

Clara nickte, obwohl sie sich unsicher war. Meditation war etwas, das sie nie wirklich versucht hatte. Sie war nie gut darin gewesen, ihre Gedanken zur Ruhe zu bringen, geschweige denn, sie zu kontrollieren. Aber jetzt, wo sie hier war, konnte sie sich ebenso gut darauf einlassen. Sie hatte nichts zu verlieren.

Eine halbe Stunde später saß Clara in einem großen Raum auf einem Kissen, umgeben von anderen Teilnehmern. Die Stille war fast greifbar, nur das leise Rascheln von Kleidung und das sanfte Atmen der Menschen um sie herum war zu hören. Clara schloss die Augen und versuchte, sich auf ihren Atem zu konzentrieren. Doch ihre Gedanken sprangen sofort wild umher. Sie dachte an die Arbeit, an das, was sie alles noch zu erledigen hatte, und dann an Jonas. Hätte sie das Treffen wirklich absagen sollen? Vielleicht wäre es besser gewesen, sich einfach zu überwinden. Doch sie wusste, dass sie nicht bereit gewesen wäre. Ihre Gedanken kreisten immer weiter, trotz aller Bemühungen, sie zu beruhigen.

„Atme tief ein... und aus. Lass deine Gedanken fließen, ohne an ihnen festzuhalten", hörte sie die sanfte Stimme des Meditationsleiters sagen.

Clara versuchte, seinen Anweisungen zu folgen, doch ihre Gedanken schienen sie zu überrennen. Jeder Atemzug schien die Flut von Gedanken nur lauter zu machen. Was machte sie hier überhaupt? Was sollte das alles bringen? Sie hatte das Gefühl, dass sie auf der Stelle trat, dass sie immer wieder gegen die gleichen Mauern rannte, egal wohin sie ging.

Doch nach einer Weile begann sich etwas zu verändern. Die Unruhe in ihr, die sie den ganzen Tag über gespürt hatte, schien langsam zu verblassen. Die Gedanken wurden leiser, nicht weil sie verschwanden, sondern weil Clara sie einfach an sich vorbeiziehen ließ. Es war, als hätte sie plötzlich aufgehört, gegen sie anzukämpfen, und sie stattdessen einfach akzeptiert. Ein Gedanke kam, und dann ging er, ohne dass sie ihn festhielt.

Die Meditation dauerte nur eine halbe Stunde, doch als Clara ihre Augen wieder öffnete, fühlte sie sich anders. Ruhiger. Vielleicht nicht vollständig entspannt, aber zumindest hatte sie das Gefühl, dass sie einen kleinen Teil der Stille gefunden hatte, nach der sie gesucht hatte.

Am nächsten Morgen erwachte Clara früh. Das sanfte Licht der Morgensonne schien durch die Vorhänge, und das Zwitschern der Vögel erfüllte die Luft. Sie fühlte sich erfrischt, als hätte die Nacht etwas von der Last gelindert, die sie mit sich herumgetragen hatte. Ohne groß darüber nachzudenken, zog sie sich bequeme Kleidung an und ging nach draußen. Der Wald, der das Retreat umgab, war still und friedlich. Clara atmete tief die frische Luft ein und spürte, wie die Kühle des Morgens ihre Haut prickeln ließ.

Die Yoga-Sitzung am Morgen fand im Freien statt, auf einer kleinen Lichtung hinter dem Haus. Die Gruppe war klein, nur ein halbes Dutzend Menschen, die alle in stiller Konzentration auf ihren Matten saßen. Clara folgte den Bewegungen des Lehrers, langsam und bewusst, während ihre Gedanken immer wieder zu den Dingen des Alltags abschweiften. Doch jedes Mal, wenn sie bemerkte, dass sie abgelenkt war, brachte sie ihren Fokus zurück – auf ihren Atem, auf die Bewegung ihres Körpers.

Es war anstrengend, aber auf eine seltsame Weise auch befreiend. Sie hatte nie gedacht, dass sie sich in etwas so Einfaches wie eine Dehnung oder einen tiefen Atemzug verlieren könnte, aber genau das passierte. Für einen Moment vergaß sie alles – die Arbeit, die Zweifel, Jonas. Es gab nur den Moment, den Atem, und die Stille.

Nach der Yoga-Sitzung saß Clara noch eine Weile allein auf der Lichtung. Die anderen Teilnehmer hatten sich bereits zurückgezogen, doch sie wollte noch einen Moment in der frischen Luft verweilen. Sie spürte, dass etwas in ihr begann, sich zu verändern. Es war nicht groß oder dramatisch, aber es war da – eine leise Stimme, die ihr sagte, dass sie auf dem richtigen Weg war. Sie wusste nicht, was die nächsten Tage bringen würden, aber zum ersten Mal seit Langem fühlte sie sich, als ob sie einen Schritt in die richtige Richtung gemacht hatte.

Clara schloss die Augen und ließ das sanfte Kobaltblau des Himmels auf sich wirken. Sie war noch lange nicht am Ende ihrer Reise angekommen, aber sie hatte zumindest einen Anfang gefunden. Und vielleicht war das alles, was sie für den Moment brauchte.

NEUN

Der zweite Morgen im Retreat begann, wie der erste geendet hatte – mit Stille. Eine friedliche Stille, die Clara schon lange nicht mehr in ihrem Leben gespürt hatte. Sie saß draußen auf der Terrasse, eine Tasse Tee in den Händen, und beobachtete, wie sich das sanfte Morgenlicht durch die Baumwipfel brach. Der Himmel war an diesem Tag klar und strahlend blau, als hätte die Welt beschlossen, ihr eine Auszeit zu schenken.

Clara nahm einen Schluck von ihrem Tee und schloss die Augen. Sie spürte die Kühle des Morgens auf ihrer Haut und das leise Zwitschern der Vögel um sie herum. In diesem Moment war alles gut. Alles war genau so, wie es sein sollte. Keine lauten Gedanken, keine Zweifel, nur der Atem und die Natur um sie herum.

Es war selten, dass sie sich so fühlte. Zu oft war ihr Kopf ein chaotisches Durcheinander aus unerledigten Aufgaben, Sorgen und dem ständigen Gefühl, nicht gut genug zu sein. Doch hier, im Schutz dieses abgelegenen Ortes, konnte sie endlich loslassen. Für einen kurzen Moment fühlte sie sich frei.

„Es ist seltsam", dachte sie bei sich. „Wie wenig es braucht, um zur Ruhe zu kommen – und wie schwer es im Alltag ist, diesen Zustand zu erreichen."

Sie hatte die letzten Stunden damit verbracht, ihren Körper durch Yoga und Meditation zu fordern und ihren Geist zu beruhigen. Es war, als hätte sie einen Schalter umgelegt, der all die Sorgen und das Chaos ihres Alltags für einen Moment zum Schweigen brachte. Doch gleichzeitig wusste sie, dass diese Stille nur vorübergehend war. Der Alltag würde sie wieder einholen – die Arbeit, die Verantwortung, die Unsicherheiten.

Clara setzte die Tasse ab und ließ ihren Blick über die Landschaft schweifen. Sie fragte sich, wie lange dieses Gefühl der Ruhe anhalten würde, wenn sie erst wieder in die Stadt zurückkehrte. Würde sie es schaffen, diese Stille mit sich zu tragen? Oder würde sie wieder in die alten Muster zurückfallen – in die rastlosen Gedankensprünge, die sie immer wieder in eine Spirale aus Selbstzweifeln zogen?

Der Gedanke an die Rückkehr in den Alltag ließ sie kurz den Atem anhalten. Sie wollte nicht zurück in das Büro, zu den Meetings, in denen sie sich immer fehl am Platz fühlte. Sie wollte nicht wieder die Clara sein, die niemand verstand, die immer versuchte, sich anzupassen, obwohl es nie wirklich funktionierte. Doch sie wusste auch, dass sie nicht für immer hierbleiben konnte.

Sie stand auf, streckte sich und atmete tief die frische Waldluft ein. „Vielleicht", dachte sie, „muss ich einen Weg finden, diese Ruhe in den Alltag zu integrieren." Es war keine Frage des Ortes, sondern des Geistes. Sie musste lernen, ihre Gedanken zu ordnen, statt sie immer davonlaufen zu lassen. Vielleicht war es möglich, diese innere Ruhe auch in der Stadt, im Büro, inmitten der hektischen Welt zu bewahren.

Als die nächste Yoga-Einheit begann, fühlte sich Clara bereits etwas leichter. Der Körper schien nach der Anstrengung des ersten Tages bereits geschmeidiger, und sie ließ sich viel tiefer in die Übungen fallen. Die Bewegungen flossen sanfter, und für einen Moment vergaß sie alles um sich herum. Es war, als würde sie nur noch aus Atmen und Bewegung bestehen.

Nach der Einheit setzte sie sich erneut allein auf die kleine Lichtung hinter dem Haus. Die anderen Teilnehmer hatten sich bereits in ihre Zimmer zurückgezogen, doch Clara genoss die Einsamkeit. Sie wusste, dass sie in diesen stillen Momenten viel mehr über sich selbst lernte als in jeder anderen Situation. Der Lärm des Alltags war wie eine Mauer, die sie von ihren eigenen Gedanken fernhielt, aber hier, in der Ruhe, konnte sie sie endlich hören.

Sie dachte über die vergangenen Wochen nach, über die ständigen Zweifel, die Missverständnisse im Job, das ständige Gefühl, dass sie nicht in die Welt passte, in der sie sich bewegte. Es war, als ob sie immer nur die halbe Version ihrer selbst lebte, die andere Hälfte irgendwo tief in ihr verborgen. Doch hier, fernab von allem, begann sie zu erkennen, dass sie nicht weiter so leben konnte. Sie musste einen Weg finden, sich selbst besser zu verstehen und diese innere Zerrissenheit zu überwinden.

Clara fragte sich, wann sie begonnen hatte, sich selbst zu verlieren. War es in der Schule gewesen, als sie zum ersten Mal das Gefühl gehabt hatte, dass ihre Gedanken schneller sprangen als die der anderen? Oder war es später, im Berufsleben, als sie merkte, dass ihre Art zu denken und zu arbeiten so oft auf Unverständnis stieß? Es war, als ob sie sich ein Leben lang immer wieder verbogen hatte, um in die Form zu passen, die andere von ihr erwarteten.

Aber jetzt, hier in der Stille, erkannte sie, dass sie sich nicht länger verbiegen wollte. Sie wollte herausfinden, wer sie wirklich war – ohne all die Erwartungen, die sie sich selbst auferlegt hatte, und ohne die ständigen Versuche, sich anzupassen. Vielleicht war sie tatsächlich anders, vielleicht war ihre Art zu denken komplexer und schneller als die anderer Menschen. Doch das bedeutete nicht, dass sie falsch war. Es bedeutete nur, dass sie lernen musste, mit sich selbst klarzukommen, anstatt sich immer auf andere zu verlassen, um sich bestätigt zu fühlen.

Clara schloss die Augen und atmete tief ein. Sie fühlte, wie sich eine Welle der Ruhe in ihr ausbreitete, als hätte sie endlich die Erlaubnis, einfach sie selbst zu sein. Sie wusste, dass dieser Prozess nicht einfach sein würde – dass es Rückschläge geben würde und dass sie noch viele Male an sich zweifeln würde. Doch in diesem Moment, in dieser Stille, spürte sie zum ersten Mal seit Langem eine leise Zuversicht.

Vielleicht war das, was sie suchte, nicht eine Veränderung der Umstände, sondern eine Veränderung in sich selbst.

ZEHN

Clara saß hinter dem Steuer ihres Autos und sah zu, wie die Landschaft an ihr vorbeizog. Die Wälder, die sie auf dem Hinweg noch so eindrucksvoll gefunden hatte, lagen jetzt ruhig und fast melancholisch im Rückspiegel. Das Yoga-Retreat war vorbei, und sie fühlte sich anders – aber nicht unbedingt leichter. Es war, als hätte sie während der letzten Tage einen Raum in sich geöffnet, den sie lange Zeit ignoriert hatte, aber jetzt, da sie wusste, dass er existierte, konnte sie ihn nicht mehr schließen.

Ihre Gedanken kreisten immer noch um die Momente der Ruhe, die sie dort erlebt hatte – die Meditation, das Yoga, die ungestörte Zeit für sich allein. Doch während sie zurück in die Stadt fuhr, konnte sie spüren, wie der alte Druck wieder auf ihr lastete. Die Stadt würde sie bald wieder einholen, und sie wusste nicht, ob sie es schaffen würde, die neu gewonnene Klarheit zu bewahren.

Als sie die ersten Anzeichen der Stadt sah, kam es ihr vor, als würde die Luft um sie herum dichter werden. Die Geräusche, die Hektik, das Gefühl, dass sie sich wieder anpassen musste, all das schien auf einmal auf sie einzustürzen. Clara schüttelte den Kopf und versuchte, sich zu beruhigen. „Du hast gelernt, wie du zur Ruhe kommst", sagte sie leise zu sich selbst. „Du weißt, wie du den Lärm draußen lassen kannst."

Doch ein Teil von ihr bezweifelte das. Sie wusste, dass der Alltag nicht auf sie warten würde. Die Arbeit, die Meetings, die Kollegen – all das würde sie sofort wieder einholen, und sie musste einen Weg finden, mit den Anforderungen umzugehen, ohne sich dabei selbst zu verlieren.

Als sie zu Hause ankam, fühlte sich die Wohnung leer und fremd an. Es war erstaunlich, wie anders sie auf einmal auf die vertrauten Wände, die Möbel und die Stille wirkte. Die Ruhe, die sie im Retreat erlebt hatte, war eine andere gewesen – sie war bewusst, fast greifbar. Doch hier, in ihrem kleinen Apartment, fühlte es sich an, als würde die Stille sie erdrücken.

Clara ließ ihre Tasche fallen und ging ins Schlafzimmer, wo sie sich aufs Bett setzte. Sie spürte, wie die Müdigkeit sie einholte, und gleichzeitig drängten sich die Gedanken an die Arbeit bereits in den Vordergrund. Es war Sonntagabend, und morgen wartete wieder ein langer Tag im Büro auf sie.

Sie atmete tief durch und griff nach ihrem Handy. Es gab unzählige ungelesene Nachrichten, E-Mails, die sich während ihrer Abwesenheit angesammelt hatten. Eine kurze Nachricht von Lukas war dabei: „Hey Clara, alles gut bei dir? Wir freuen uns schon, dass du morgen wieder da bist. Es gibt viel zu tun."

Clara las die Nachricht und spürte, wie eine Welle von Anspannung durch ihren Körper zog. *Viel zu tun.* Die Worte klangen harmlos, aber sie wusste, dass sie der Vorbote von langen Stunden und stressigen Meetings waren. Wieder einmal hatte sie das Gefühl, nicht bereit zu sein. Doch diesmal wollte sie nicht einfach in die alte Routine zurückfallen.

Sie schloss die Augen und erinnerte sich an die Atemtechniken, die sie im Retreat gelernt hatte. Sie versuchte, die Ruhe, die sie dort gefunden hatte, wieder in sich zu spüren. Einatmen, ausatmen. Ein langsamer Rhythmus, der die Anspannung in ihrem Körper lösen sollte. Doch es war schwieriger, als sie gedacht hatte. Die Stille, die sie im Yoga-

Retreat so geschätzt hatte, wollte sich hier nicht einstellen. Der Druck des Alltags war bereits wieder präsent.

Clara seufzte und legte sich aufs Bett. Sie wusste, dass sie nicht aufgeben durfte. Wenn sie etwas aus dem Retreat gelernt hatte, dann, dass Veränderung Zeit brauchte. Sie konnte nicht erwarten, dass ihr ganzes Leben sich über Nacht wandelte. Aber sie konnte versuchen, jeden Tag kleine Schritte zu machen, um die Ruhe, die sie gefunden hatte, zu bewahren.

Der Montagmorgen kam viel zu schnell. Clara wachte früh auf, das erste Mal seit Wochen ohne das Gefühl, völlig ausgelaugt zu sein. Sie lag noch einen Moment im Bett, lauschte den Geräuschen der Stadt, die langsam erwachte, und erinnerte sich an die ruhigen Morgen im Retreat. Dort war alles still gewesen, der Wald hatte ihr das Gefühl gegeben, in einer anderen Welt zu sein. Doch hier war alles anders.

Sie zog sich an, trank eine Tasse Tee – keinen Kaffee, wie sie es sonst tat – und machte sich auf den Weg ins Büro. Der Weg dorthin fühlte sich wie eine Rückkehr in die Realität an, und Clara konnte spüren, wie sich eine leichte Anspannung in ihrer Brust ausbreitete. Die Stadt war laut, die Menschen hasteten durch die Straßen, und sie fühlte sich, als würde sie in den Strom gezogen werden, ob sie wollte oder nicht.

Im Büro wurde sie von Lukas und Sandra begrüßt. Beide lächelten sie an, als wäre sie gerade aus einem langen Urlaub zurückgekehrt.

„Clara! Schön, dich wiederzusehen!", rief Sandra, während sie ihr einen Kaffee anbot. „Wie war es? Konntest du ein bisschen abschalten?" Clara nickte und lächelte schwach. „Ja, es war... ruhig. Genau das, was ich gebraucht habe." „Das klingt toll", sagte Lukas. „Aber du hast einiges verpasst. Wir haben ein paar neue Projekte an Land gezogen, und wir brauchen deine Hilfe bei den Analysen."

Clara setzte sich an ihren Schreibtisch und öffnete ihren Laptop. Die Mails hatten sich wie erwartet gestapelt, und sie fühlte sich sofort wieder überwältigt. Doch sie erinnerte sich an ihre Zeit im Retreat und versuchte, die Ruhe zu bewahren. Einatmen, ausatmen. Sie hatte gelernt, ihre Gedanken zu ordnen, und das würde ihr jetzt helfen.

Der Vormittag verlief ruhig. Clara arbeitete an den Projekten, die Lukas ihr aufgetragen hatte, und versuchte, sich auf die Zahlen und Daten zu konzentrieren, ohne sich von den Aufgaben erdrücken zu lassen. Doch als die Mittagspause näher rückte, spürte sie, wie die Anspannung langsam zurückkehrte.

In der Kantine saß sie mit Sandra und Lukas zusammen. Die beiden sprachen über die neuen Projekte, doch Clara bemerkte, wie ihre Gedanken wieder abzudriften begannen. Sie konnte nicht aufhören, an die Stille des Waldes zu denken, an die Ruhe, die sie im Yoga-Retreat gespürt hatte. Sie wollte dieses Gefühl bewahren, doch die Geräusche der Kantine und das endlose Geplapper der Kollegen brachten sie immer wieder aus dem Gleichgewicht.

„Clara, alles okay?", fragte Sandra plötzlich. Clara blinzelte und sah auf.

„Ja, alles gut", antwortete sie hastig. Doch in ihrem Inneren wusste sie, dass es nicht stimmte. Die alten Muster kehrten zurück. Sie hatte gehofft, dass das Yoga-Retreat sie für immer verändern würde, aber jetzt merkte sie, wie schwer es war, diese Veränderung in ihren Alltag zu integrieren.

Nach der Mittagspause kehrte Clara an ihren Schreibtisch zurück, doch die Zahlen vor ihr begannen zu verschwimmen. Es war, als ob der alte Stress sie wieder einholte, als ob die Ruhe, die sie im Retreat gefunden hatte, nicht ausreichte, um den Anforderungen ihres Alltags standzuhalten.

Clara lehnte sich zurück und schloss die Augen. Sie erinnerte sich an die letzten Yoga-Einheiten, an das Gefühl, dass sie im Moment sein durfte, ohne etwas leisten zu müssen. Doch hier, im Büro, fühlte sie sich, als müsste sie immer die perfekte Version ihrer selbst sein. Die Stille, die sie in sich gespürt hatte, war nun wieder von einem inneren Lärm übertönt. Ein Teil von ihr wollte einfach aufstehen und rausgehen, zurück in den Wald, zurück in die Stille. Doch ein anderer Teil wusste, dass sie das nicht konnte. Sie musste lernen, diese Ruhe auch hier, im Lärm des Alltags, zu finden.

Clara atmete tief ein und öffnete die Augen. Sie wusste, dass es nicht einfach sein würde, aber sie war entschlossen, es zu versuchen. Sie konnte nicht zurück ins Retreat, aber sie konnte versuchen, diese innere Ruhe in ihrem Alltag zu kultivieren. Einatmen, ausatmen. Schritt für Schritt.

ELF

Der Dienstagmorgen kam schneller als erwartet. Clara wachte auf und fühlte sich nicht mehr ganz so erholt wie am Vortag. Die gewohnte Routine hatte sie wieder eingeholt. Sie stand früh auf, machte sich eine Tasse Tee und setzte sich an den Küchentisch, während die ersten Sonnenstrahlen den Himmel in ein blasses Blau tauchten. Die Stille des Morgens fühlte sich nicht mehr so friedlich an wie zuvor. Stattdessen spürte sie die unterschwellige Unruhe, die immer in ihr aufstieg, wenn ein neuer Arbeitstag bevorstand.

Sie wollte sich auf die Ruhe konzentrieren, die sie im Yoga-Retreat gefunden hatte, doch die Gedanken an die Arbeit drängten sich ihr auf. Das Projekt, das sie gestern begonnen hatte, die bevorstehenden Meetings, die E-Mails, die auf sie warteten – all das formte eine unsichtbare Last, die schwer auf ihren Schultern lag.

„Du kannst das schaffen", sagte sie leise zu sich selbst. Sie atmete tief ein, versuchte, die innere Ruhe wiederzufinden, die sie während der Meditation gespürt hatte. Ein Teil von ihr wusste, dass diese Unruhe nichts Neues war – sie hatte diese innere Spannung schon oft gespürt. Doch nun, nach dem Retreat, fühlte es sich schlimmer an, weil sie genau wusste, wie es war, ohne diese Last zu leben.

Als sie im Büro ankam, begrüßte sie Lukas mit einem freundlichen Nicken. „Guten Morgen, Clara. Hast du die neuesten Zahlen schon gesehen? Wir müssen sie bis zum Mittag analysieren." Clara nickte. „Ich kümmere mich gleich darum."

Sie setzte sich an ihren Schreibtisch und öffnete die Tabelle, die Lukas ihr geschickt hatte. Doch als sie die Zahlen durchging, fühlte sie sich wieder in alte Muster zurückgeworfen. Die Daten sprangen ihr entgegen, und sofort bildeten sich in ihrem Kopf Verknüpfungen und Ideen, wie die Analyse aussehen könnte. Doch während sie sich tiefer in die Zahlen vertiefte, spürte sie wieder diese innere Unruhe. Sie konnte es klar sehen – die Lösung war offensichtlich. Doch sie wusste, dass ihre Vorschläge, so wie immer, wahrscheinlich auf Widerstand stoßen würden.

Ihre Gedanken wurden unterbrochen, als Sandra zu ihrem Schreibtisch kam. „Hey Clara, hast du schon einen Plan für die Analyse? Wir müssen das in der Besprechung gleich vorstellen." Clara zögerte. „Ja, ich habe da schon eine Idee. Die Daten zeigen, dass wir die Zielgruppenansprache ändern müssen. Die Kunden reagieren nicht mehr auf die bisherigen Marketingstrategien." Sandra sah sie überrascht an. „Meinst du nicht, dass wir erst mehr Daten sammeln sollten? Es ist doch noch zu früh, um da eine definitive Aussage zu machen." Clara seufzte innerlich. Sie hatte genau das befürchtet. „Nein, die Daten sind eindeutig. Die Verhaltensänderung zeigt sich in den letzten zwei Monaten deutlich. Wenn wir noch länger warten, verlieren wir wertvolle Zeit." Sandra runzelte die Stirn. „Ich weiß nicht, ob Lukas das so sieht. Vielleicht sollten wir das nochmal im Team besprechen." „Natürlich", sagte Clara und versuchte, ruhig zu bleiben. Sie hatte gehofft, dass ihre Kollegen diesmal offen für ihre Vorschläge wären, aber es war, wie immer, schwierig, ihre Sichtweise durchzusetzen. Sie wusste, dass sie oft schneller dachte als die anderen, aber diese

Differenz schien sie immer wieder in Konflikt mit ihrem Umfeld zu bringen.

Die Besprechung am Vormittag verlief genau so, wie Clara es erwartet hatte. Sie stellte ihre Analyse vor, zeigte die Daten und erklärte, warum es notwendig war, die Strategie zu ändern. Doch wie schon so oft stieß sie auf Widerstand. „Das ist ein interessanter Punkt, Clara", sagte Lukas, „aber ich denke, wir sollten erst mehr Informationen sammeln, bevor wir eine so drastische Änderung vornehmen."

Clara spürte, wie sich die Frustration in ihr aufbaute. Sie hatte die Lösung klar vor sich, doch es schien, als würde niemand ihr zuhören. „Wir haben genug Daten", sagte sie etwas fester als beabsichtigt. „Die Veränderung im Kaufverhalten ist offensichtlich." Lukas sah sie an und nickte langsam. „Ich verstehe deinen Punkt, aber wir können keine überstürzten Entscheidungen treffen."

Clara biss sich auf die Lippe und hielt sich zurück, weiter zu argumentieren. Sie wusste, dass es nichts bringen würde. Wie so oft hatte sie das Gefühl, gegen eine Wand zu reden. Die anderen schienen einfach nicht zu verstehen, was sie sah.

Als die Besprechung zu Ende war und die Kollegen den Raum verließen, blieb Clara einen Moment sitzen. Sie spürte, wie sich die Anspannung in ihrer Brust festsetzte. Es war nicht das erste Mal, dass sie mit ihren Ideen auf Widerstand stieß, doch es fühlte sich jedes Mal wie ein persönlicher Rückschlag an. Sie hatte gehofft, dass sie nach dem Retreat mehr Ruhe und Klarheit finden würde, doch es war, als würde der alte Stress sie wieder einholen. „Warum ist es immer so schwer?", fragte sie sich leise, während sie in den leeren Raum starrte.

Am Nachmittag zog sich Clara zurück, um an der Analyse weiterzuarbeiten. Sie wollte sich nicht von der Frustration ablenken lassen und versuchte, sich auf die Zahlen zu konzentrieren. Doch ihre Gedanken kreisten immer wieder um die Besprechung. Warum fiel es ihr so schwer, sich Gehör zu verschaffen? Sie wusste, dass sie oft schneller dachte als ihre Kollegen, doch es war frustrierend, immer wieder auf Ablehnung zu stoßen.

Als der Arbeitstag zu Ende ging, fühlte sie sich ausgelaugt. Die Energie, die sie im Yoga-Retreat getankt hatte, schien bereits wieder verpufft zu sein. Sie war zurück in der Realität, und es war genauso schwer wie zuvor. Clara fragte sich, wie lange sie diesen Zustand noch aushalten konnte. Sie hatte das Gefühl, dass sie in einem Kreislauf gefangen war, der sich immer wiederholte – Arbeit, Frustration, das Gefühl, nicht verstanden zu werden.

Als sie am Abend zu Hause ankam, war sie zu müde, um noch irgendetwas zu tun. Sie zog sich die Schuhe aus, ließ ihre Tasche fallen und setzte sich aufs Sofa. Ihr Handy vibrierte in ihrer Tasche, doch sie ignorierte es. Sie brauchte einen Moment der Stille, einen Moment, in dem sie einfach nur atmen konnte.

Clara schloss die Augen und versuchte, die Atemtechniken aus dem Retreat anzuwenden. Doch es fiel ihr schwer, die Gedanken loszulassen. Der Tag hatte sie wieder einmal aufgerieben, und sie spürte, wie sich die Frustration tief in ihrem Inneren festgesetzt hatte.

Nach einer Weile stand sie auf und ging zum Fenster. Die Lichter der Stadt blinkten im Dunkeln, und Clara fühlte sich plötzlich klein und verloren. Sie wusste, dass sie etwas ändern musste, doch sie wusste nicht, wie. Der Alltag hatte sie wieder eingeholt, und die Ruhe, die sie so dringend brauchte, war ihr entglitten.

„Es muss einen Weg geben", flüsterte sie leise zu sich selbst.

ZWÖLF

Mittwochabend. Clara saß wieder einmal in ihrer kleinen Wohnung, der Tag war lang und frustrierend gewesen. Das Meeting mit den Kunden war vorüber, und obwohl Lukas. zufrieden gewesen war, nagte etwas tief in Clara. Ihre Analysen, ihre Ideen - alles schien immer nur am Rande der Aufmerksamkeit zu existieren, als ob sie unsichtbar wäre. Es war nicht das erste Mal, dass sie das Gefühl hatte, dass ihre Gedanken und Vorschläge nicht wirklich Gehör fanden. Die Welt, in der sie arbeitete, fühlte sich zu eng für ihre Gedanken an. Wie oft hatte sie das Gefühl gehabt, dass sie schneller, tiefer, sprunghafter dachte als andere – und dass genau das ihr immer wieder im Weg stand?

Das vertraute Gefühl der Frustration mischte sich mit etwas Neuem, etwas, das in den letzten Tagen stärker geworden war: dem Wunsch nach Veränderung. Clara wusste, dass sie so nicht weitermachen konnte. Ihr Job, ihr Leben in der Stadt – es erfüllte sie nicht mehr. Sie fühlte sich gefangen, als wäre sie in einem Raum eingeschlossen, der zu klein für all das war, was sie wirklich sein wollte.

Der Gedanke an das Yoga-Retreat kam ihr wieder in den Sinn. Dort hatte sie für einen kurzen Moment Ruhe gefunden, hatte das Gefühl gehabt, die Stille in ihrem Kopf kontrollieren zu können. Doch die Rückkehr in den Alltag hatte dieses

Gefühl schnell wieder zerstört. Jetzt war sie zurück in der Hektik der Stadt, in der Stille nicht existierte. Der Lärm und die Anforderungen des Lebens überwältigten sie erneut.

Clara stand auf, zog sich ihre Jacke über und verließ die Wohnung. Sie brauchte frische Luft, etwas Abstand. Die Enge ihrer Wohnung fühlte sich bedrückend an, und sie wusste, dass sie einen Ort brauchte, an dem sie zumindest für einen Moment abschalten konnte.

Die Straßen der Stadt waren an diesem Abend belebt. Menschen eilten durch die Straßen, die Lichter der Geschäfte leuchteten, und Clara fühlte sich wie ein kleiner Punkt in einem riesigen Strom von Leben. Sie lief ziellos durch die Gassen, bis sie vor einer Bar stehen blieb, die sie bisher noch nie wirklich wahrgenommen hatte. Es war eine kleine, unscheinbare Bar mit einer rot leuchtenden Neonreklame, die „Lunas" anzeigte. Spontan entschied sie sich, hineinzugehen.

Die Bar war klein und gemütlich, das Licht gedämpft, und die Atmosphäre wirkte sofort beruhigend auf Clara. Es war nicht überfüllt, nur ein paar Menschen saßen an den Tischen und führten leise Gespräche. Sie ging zum Tresen, setzte sich auf einen der Barhocker und bestellte einen Gin Tonic.

Während sie auf ihr Getränk wartete, beobachtete sie die junge Frau hinter der Bar. Sie war auffällig – Glatze, Tattoos auf den Armen und Piercings im Gesicht. Sie konnte nicht älter als 18 sein, aber ihre Ausstrahlung hatte etwas Selbstbewusstes, fast Unerschütterliches. Clara konnte nicht anders, als sich zu fragen, wer diese junge Frau war.

„Gin Tonic, bitte." Die Barkeeperin stellte das Glas vor Clara auf den Tresen und schenkte ihr ein kurzes Lächeln. „Ist es dein erster Abend hier?" Clara nickte und nippte an ihrem Glas. „Ja, ich war noch nie hier. Aber die Bar hat etwas... Beruhigendes." Die Barkeeperin grinste. „Ja, viele sagen das. Ist einer der Gründe, warum ich hier arbeite. Es ist ruhig, und die Leute kommen her, um abzuschalten." „Wie heißt du?" fragte Clara schließlich, mehr aus Neugier, als aus dem Wunsch, wirklich ein Gespräch zu führen. „Lena", antwortete die Barkeeperin. „Und du?" „Clara." Sie sah sich um. „Es ist wirklich gemütlich hier." Lena lachte leise. „Ja, das ist es. Ich mag den Laden. Es ist nicht wie die typischen Bars, wo alles laut und hektisch ist und man sich anschreien muss. Hier kann man nachdenken und entspannen." Sie zog ein Tuch hervor und begann, Gläser zu polieren. „Was bringt dich her, Clara?" Clara zögerte. Es war eine einfache Frage, aber sie wusste, dass die Antwort kompliziert war. „Ich brauchte einfach ein bisschen Abstand", gab sie schließlich zu. „Der Tag war... anstrengend." Lena hob eine Augenbraue. „Anstrengend? Arbeit?" „Ja", seufzte Clara. „Ich habe das Gefühl, dass ich immer gegen eine Wand renne. Egal, was ich mache, es fühlt sich an, als würde niemand wirklich verstehen, was ich sage." Lena lehnte sich gegen den Tresen und sah Clara einen Moment lang nachdenklich an. „Kommt mir bekannt vor. Manchmal ist es schwer, ich habe manchmal das Gefühl, dass meine Gedanken schneller laufen als die der anderen." Clara sah überrascht auf. „Wie meinst du das?" Lena lächelte leicht. „Ich studiere Mathe und Physik. Meine Kommilitonen halten mich oft für verrückt, weil ich manchmal zu schnell denke, weil ich bei Problemen schon bei der Lösung bin, während sie noch über die Grundlagen nachdenken. Es kann frustrierend sein." Clara sah die junge Frau einen Moment lang an. Mathe und Physik? Mit 18? Sie musste extrem klug sein. „Wie gehst du damit um?" fragte sie schließlich, ihre Neugier geweckt. Lena zuckte mit den Schultern. „Ich habe gelernt, dass ich meinen eigenen Rhythmus finden muss. Ich kann nicht erwarten, dass andere immer auf meinem Level sind. Und ehrlich gesagt..." Sie lachte leise. „Es ist auch eine Herausforderung für mich, meine Gedankengänge verständlich zu machen. Aber das ist okay. Ich lerne, damit umzugehen."

Clara nickte nachdenklich. Sie konnte nicht anders, als eine tiefe Bewunderung für Lena zu verspüren. Sie war so jung und schien sich selbst und ihre Fähigkeiten bereits viel besser zu verstehen als Clara es jemals getan hatte. „Das klingt, als hättest du einen Weg gefunden, damit umzugehen", sagte sie leise. Lena lachte. „Noch lange nicht. Aber ich habe akzeptiert, dass ich anders bin. Und das ist der erste Schritt, denke ich." Clara nippte an ihrem Getränk und dachte über Lenas Worte nach. „Ich habe immer das Gefühl, dass ich mich anpassen muss", gestand sie schließlich. „Als würde ich in einer Welt leben, in die ich nicht wirklich passe." Lena nickte verstehend. „Das kenne ich. Aber weißt du was? Du musst dich nicht immer anpassen. Manchmal sind es genau die Menschen, die anders denken, die wirklich etwas bewegen können."

Clara konnte nichts darauf erwidern. Sie fühlte sich, als hätte Lena gerade etwas ausgesprochen, das sie selbst nie richtig in Worte fassen konnte. „Vielleicht hast du recht", murmelte sie. „Aber es ist nicht so einfach, wenn die Menschen um einen herum einen ständig missverstehen." „Nein, das ist es nicht", stimmte Lena zu. „Aber das bedeutet nicht, dass du falsch bist. Vielleicht bist du einfach... zu gut für das, was andere erwarten." Sie zwinkerte Clara zu und drehte sich dann um, um einem anderen Gast ein Getränk zu servieren.

Clara lehnte sich zurück und ließ Lenas Worte auf sich wirken. „Zu gut für das, was andere erwarten." War das möglich? War es möglich, dass ihre schnellen, sprunghaften Gedanken nicht das Problem waren, sondern dass die Menschen um sie herum einfach nicht in der Lage waren, mitzuhalten?

Der Gedanke ließ sie nicht mehr los. Die Gespräche bei der Arbeit, die ständigen Missverständnisse, das Gefühl, dass ihre Kollegen immer einen Schritt hinter ihr waren – könnte es sein, dass das nicht nur ihre eigene Unsicherheit war? Vielleicht war es nicht nur ihr Problem, sondern das der anderen, die ihre Art zu denken nicht nachvollziehen konnten.

Lena kehrte zurück und lehnte sich erneut an den Tresen. „Weißt du", sagte sie nachdenklich, „manchmal denke ich, dass die Leute, die ständig missverstanden werden, einfach auf einem anderen Level sind. Es ist nicht, dass sie falsch liegen – sie sind nur ihrer Zeit voraus." Clara lächelte leicht. „Vielleicht hast du recht." Sie nippte an ihrem Glas und fühlte sich, als hätte sie etwas entdeckt, das sie lange ignoriert hatte. „Hast du jemals daran gedacht, einen Intelligenztest zu machen?" fragte Lena plötzlich, als hätte sie Clara einen Geistesblitz offenbart. Clara blinzelte überrascht. „Einen Intelligenztest? Nein, warum?" „Ich weiß nicht, es klingt vielleicht seltsam", sagte Lena, während sie eine Flasche öffnete, „aber ich habe das Gefühl, dass du vielleicht eine dieser Personen bist, die mehr Potenzial haben, aber es nicht einmal wissen." Clara lachte kurz, doch es klang nicht ganz ehrlich. „Das glaube ich nicht." Lena zuckte mit den Schultern. „Vielleicht irre ich mich. Aber es schadet nicht, es herauszufinden, oder?"

Clara war sich nicht sicher, was sie von Lenas Vorschlag halten sollte. Ein Intelligenztest? Es war nicht so, dass sie jemals daran gedacht hatte. Aber je länger sie darüber nachdachte, desto mehr erschien der Gedanke nicht mehr ganz so abwegig. Was, wenn Lena recht hatte? Was, wenn ihre ständigen Frustrationen daher rührten, dass sie tatsächlich schneller und anders dachte als die Menschen um sie herum?

Sie stellte das Glas ab und sah Lena nachdenklich an. „Vielleicht hast du recht", sagte sie leise. „Was hast du zu verlieren?" Lena grinste und zwinkerte ihr zu. „Vielleicht erfährst du etwas über dich selbst, das du nie erwartet hättest."

DREIZEHN

Es war fast eine Woche vergangen, seit Clara das erste Mal mit Lena in der Bar gesprochen hatte, doch die Worte der jungen Barkeeperin hallten immer noch in ihrem Kopf wider. Der Gedanke an einen Intelligenztest ließ Clara nicht mehr los. Es war, als hätte Lena einen Vorhang geöffnet und Clara sah nun etwas, das sie ihr ganzes Leben übersehen hatte. Aber war es wirklich möglich, dass sie sich all die Jahre selbst unterschätzt hatte? Die Frage brannte tief in ihr.

An einem Freitagabend, als der Druck der Woche sie erneut erdrückte, entschied Clara spontan, wieder in die Bar zu gehen. Sie brauchte Antworten – und Lena schien jemand zu sein, der ihr helfen konnte, klarer zu sehen. Die Bar war genauso, wie sie es in Erinnerung hatte: klein, gemütlich und gedämpft beleuchtet. Clara betrat den Raum, der bereits von einem sanften Stimmengewirr erfüllt war. Es war nicht überfüllt, nur einige Menschen saßen an den Tischen, in Gespräche vertieft. Am Tresen stand Lena, wie beim letzten Mal, beschäftigt damit, Getränke zuzubereiten. Clara nahm auf einem Hocker Platz und wartete geduldig, bis Lena sie bemerkte. Als Lena schließlich herüberkam, lächelte sie. „Hey, Clara! Schön, dich wiederzusehen."

„Hi, Lena", sagte Clara, ihre Stimme leicht zögerlich. „Ich... ich konnte nicht aufhören, über das nachzudenken, was du letzte Woche gesagt hast." Lena stellte die Flasche beiseite, die sie gerade in der Hand hielt, und lehnte sich an den Tresen. „Was genau?" Clara atmete tief durch. „Der Intelligenztest. Die Idee, dass ich vielleicht... ich weiß nicht... schneller denke als andere. Dass das der Grund ist, warum ich mich so oft missverstanden fühle." Lena lächelte, dieses Mal ernsthafter. „Es überrascht mich nicht, dass du darüber nachdenkst. Ich habe einige Menschen getroffen, die sich so fühlen wie du, und bei einigen hat sich herausgestellt, dass sie hochbegabt sind. Es ist nichts, wofür man sich schämen muss – im Gegenteil. Es kann dir helfen, dich besser zu verstehen." Clara nickte, aber die Unsicherheit war in ihren Augen zu lesen. „Aber wie? Wie finde ich das wirklich heraus?"

Lena griff in ihre Tasche, die sie hinter dem Tresen deponiert hatte, und holte einen Zettel heraus auf den Sie Ihre Nummer schrieb und reichte Clara den Zettel. „Hier ist meine Nummer. Schreib mir deine Mailadresse, und ich schicke dir einen Gutschein für einen Intelligenztest bei einem Hochbegabtenverein. Sie sind sehr seriös und führen fundierte Tests durch. Das wird dir helfen, klare Antworten zu bekommen."

Clara nahm den Zettel und sah sie an. Es war einfach eine Telefonnummer, aber in diesem Moment fühlte es sich an, als hätte Lena ihr einen Schlüssel zu etwas Größerem gegeben. „Danke", sagte sie leise. „Ich weiß nicht, was ich tun soll, wenn... na ja, wenn es stimmt."

Lena legte ihr eine Hand auf die Schulter. „Mach dir keine Sorgen um das ‚Was, wenn'. Finde zuerst heraus, was wirklich ist, und dann kannst du immer noch entscheiden, was du daraus machst. Aber es ist besser, die Wahrheit zu kennen, als sich weiterhin in Ungewissheit zu verlieren."

Clara nickte und steckte die Karte in ihre Tasche. Sie spürte eine Mischung aus Erleichterung und Nervosität. Die Möglichkeit, Antworten zu bekommen, war verlockend, aber gleichzeitig machte ihr der Gedanke Angst, was sie dabei erfahren könnte. „Danke, Lena", sagte sie erneut, dieses Mal fester. „Ich werde dir schreiben." „Ich hoffe es", antwortete Lena mit einem warmen Lächeln. „Und keine Sorge, du bist nicht allein."

Am nächsten Morgen, einem ruhigen Samstag, saß Clara mit einer Tasse Tee am Küchentisch. Vor ihr lag Lenas Zettel. Sie starrte darauf, als hinge ihr Leben von diesem kleinen Stück Papier ab. Schließlich nahm sie ihr Handy, tippte Lenas Nummer ein und schrieb ihr eine kurze Nachricht.

Hallo Lena, hier ist Clara. Ich wollte dich fragen, wie ich den Gutschein für den Intelligenztest bekommen kann. Danke nochmal für das Angebot. Meine Mailadresse lautet clara.lewis@gmx.com. Liebe Grüße Clara

Es dauerte nicht lange, bis Lena antwortete: Hi Clara! Schön, dass du schreibst. Ich habe dir den Gutschein bereits per E-Mail geschickt. Du kannst ihn einlösen, wann immer du bereit bist. Viel Glück und melde dich, wenn du Fragen hast!

Clara öffnete ihre E-Mails und fand tatsächlich eine Nachricht von Lena mit dem Gutschein für den Test bei einem Hochbegabtenverein. Sie klickte auf den Link in der E-Mail und gelangte zu einer professionellen Website, die den Test anbot. Die Seriosität der Seite beruhigte sie etwas, und nachdem sie einige Minuten damit verbracht hatte, sich die Informationen durchzulesen, beschloss sie, den Test zu buchen.

Jetzt gibt es kein Zurück mehr, dachte sie bei sich und fühlte, wie eine Welle der Aufregung durch ihren Körper zog.

Ein paar Tage später lag ein Brief im Briefkasten. Clara wusste sofort, was es war – die Bestätigung des Tests und die weiteren Details, die per Post verschickt worden waren. Sie hielt den Umschlag in den Händen und zögerte einen Moment, bevor sie ihn öffnete. Der Test war für das kommende Wochenende angesetzt, und es gab eine genaue Anleitung, wie sie sich darauf vorbereiten sollte. Clara setzte sich an den Tisch und las die Anweisungen sorgfältig durch.

Der Gedanke, dass sie bald eine Antwort auf all ihre Fragen haben könnte, war beängstigend. Was, wenn der Test ihr bestätigte, dass sie tatsächlich hochbegabt war? Wie würde das ihr Leben verändern? Würde sie plötzlich alles anders sehen, oder würde sie sich nur noch mehr entfremdet fühlen? Und was, wenn das Ergebnis nicht das war, was sie erhoffte? Würde sie sich dann noch mehr in ihren Zweifeln verfangen?

Die Gedanken drehten sich in ihrem Kopf, und Clara versuchte, die aufkommende Panik zu unterdrücken. Sie wusste, dass sie die Antworten brauchte, egal, was dabei herauskam. Lena hatte recht gehabt – es war besser, die Wahrheit zu kennen, als weiterhin in Unsicherheit zu leben.

In den Tagen vor dem Test fühlte Clara, wie die Anspannung in ihr wuchs. Jeder Moment, den sie in der Arbeit oder mit Freunden verbrachte, war von dieser neuen, unausgesprochenen Frage durchdrungen: *Wer bin ich wirklich?* Sie begann, ihre Handlungen und Reaktionen noch genauer zu beobachten. Die Art, wie sie oft schneller antwortete, wie ihre Gedankengänge plötzlich Sprünge machten, die andere nicht nachvollziehen konnten. All diese Momente, die sie früher als „komisch" oder „anders" empfunden hatte, betrachtete sie nun mit einer neuen Neugier.

Der Tag des Tests rückte näher, und mit jedem Schritt, den Clara tat, wurde ihr klar, dass sie bald eine Wahrheit erfahren würde, die sie ihr ganzes Leben lang begleitet hatte, ohne dass sie es wirklich verstanden hatte.

Als der Testtag schließlich kam, fühlte sich Clara seltsam ruhig. Sie hatte sich vorbereitet, so gut es ging, und war entschlossen, es durchzuziehen. Im Testzentrum, das in einem modernen Gebäude lag, empfing sie ein sachlicher Raum, der für die Durchführung psychologischer Tests eingerichtet war. Clara setzte sich, füllte die nötigen Formulare aus und wartete auf den Beginn.

Die Testleiterin erklärte den Ablauf freundlich und professionell. Dann begann der Test. Clara konzentrierte sich. Die Aufgaben forderten ihre Fähigkeiten in Mathematik, Logik, Sprache und Mustererkennung heraus. Während sie die Fragen beantwortete, spürte sie, wie ihr Kopf auf Hochtouren arbeitete, doch gleichzeitig fühlte es sich an, als wäre sie in ihrem Element. Die Aufgaben waren herausfordernd, aber sie brachte alles zu Papier, was ihr in den Sinn kam. Nachdem der Test beendet war, fühlte Clara sich erschöpft, aber auch erleichtert. Jetzt gab es nichts mehr, was sie tun konnte. Das Ergebnis würde bald kommen.

Ein paar Tage später fand Clara dann endlich den Brief im Briefkasten. Diesmal dicker als der Letzte. Sie hielt den Umschlag in der Hand, und ihr Herz begann schneller zu schlagen. Ihre Gedanken überschlugen sich und gleichzeitig hatte Sie das Gefühl, dass Sie für die Antwort – die Mögliche Enttäuschung nicht bereit war. Sie setzte sich an den Küchentisch, atmete tief ein und öffnete den Umschlag.

Sehr geehrter Frau Lewis,
Sie haben bei uns an einem Intelligenztest teilgenommen.
Bei diesem Test haben Sie folgendes Ergebnis erzielt:

Intelligenzquotient (IQ) = 135
Prozentrang (PR) = 99

Bei der Normierung von IQ-Tests werden, differenziert z.B. nach Alter, verschiedene Referenzgruppen gebildet, so dass der Mittelwert der Ergebnisse je Referenzgruppe bei 100 liegt. 68% einer Referenzgruppe erreichen IQ-Werte zwischen 85 und 115. IQ-Werte größer 130 werden von 2% der Referenzgruppe erreicht.
Der PR benennt den Rangplatz innerhalb der Referenzgruppe. So bedeutet Ihr PR = 99, dass Sie einen gleichen oder höheren IQ-Wert erzielt haben als 99% Ihrer Referenzgruppe.

Aufgrund Ihres Ergebnisses bietet Mensa Ihnen gerne die Mitgliedschaft an. Eine Einladung und eine Beitrittserklärung liegen diesem Brief bei....

Clara starrte auf die Zahl. 135. Das war weit über dem Durchschnitt. Sie fühlte, wie ihre Beine weich wurden und sich ein Kloß in ihrem Magen bildete, aber diesmal war es nicht aus Angst oder Nervosität. Es war die Erkenntnis, dass sie all die Jahre falsch über sich gedacht hatte. Hochbegabt. Sie? Diejenige, die sich immer zu langsam und missverstanden gefühlt hatte? In diesem Moment verstand Clara, dass all die Frustration, all die Zweifel, die sie ihr Leben lang begleitet hatten, nicht aus einem Mangel an Fähigkeiten resultierten – sondern vielleicht aus einem Übermaß.

Als Clara die Bar später an diesem Abend verließ, fühlte sie sich anders. Die Begegnung mit Lena hatte etwas in ihr ausgelöst, das sie nicht ignorieren konnte. Die junge Frau hatte eine Stärke und ein Selbstbewusstsein ausgestrahlt, das Clara bewunderte – und sie hatte sie zum Nachdenken gebracht.

Ein Intelligenztest? Der Gedanke ließ sie nicht mehr los, während sie durch die dunklen Straßen nach Hause ging. Was, wenn sie tatsächlich intelligenter war, als sie sich selbst zutraute? Was, wenn all ihre Zweifel und Frustrationen daher rührten, dass sie ihr Potenzial nie wirklich erkannt hatte?

Clara wusste nicht, wohin dieser Gedanke sie führen würde, aber eines war klar: Sie würde es herausfinden müssen. Und vielleicht war das der erste Schritt zu der Veränderung, die sie so dringend brauchte.

VIERZEHN

Der Brief lag immer noch auf dem Küchentisch, als Clara nach einem langen Arbeitstag zurück in ihre Wohnung kam. Sie hatte ihn heute Morgen dort abgelegt, als sie ging, ohne ihn zu berühren, als ob sie nicht ganz bereit war, sich mit dessen Bedeutung auseinanderzusetzen. Der Umschlag war geöffnet, und das Testergebnis stand klar und deutlich auf dem Papier: 135. Hochbegabung.

Die Zahl fühlte sich fremd an, so als würde sie nicht zu dem Leben gehören, das Clara bisher geführt hatte. Es war surreal, dass sie nun eine Erklärung für all die Momente in ihrem Leben hatte, in denen sie sich anders, fehl am Platz oder missverstanden gefühlt hatte. Sie hatte immer geglaubt, das Problem liege bei ihr – dass sie nicht konzentriert genug war, dass sie sich nicht genug anstrengte. Doch jetzt, mit einem Schlag, wusste sie, dass all diese Annahmen falsch gewesen waren.

Clara setzte sich an den Tisch und starrte auf das Papier. Sie spürte Erleichterung, eine unbestreitbare Leichtigkeit, die sich in ihrem Körper ausbreitete. Endlich hatte sie die Antwort, die sie so lange gesucht hatte. Endlich wusste sie, dass sie nicht „falsch" war, wie sie es sich all die Jahre eingeredet hatte. Ihre schnellen Gedankensprünge, die sie oft als Hindernis betrachtet hatte, waren tatsächlich ein Zeichen von Intelligenz, nicht von Unzulänglichkeit.

Aber neben dieser Erleichterung war da auch etwas anderes. Etwas Dunkleres. Eine Last, die Clara nicht abschütteln konnte. Sie konnte nicht aufhören, sich zu fragen: *Was wäre gewesen, wenn?*

Sie dachte an ihre Schulzeit zurück. Clara erinnerte sich an die Lehrer, die sie immer wieder als „begabt, aber faul" beschrieben hatten. Sie hatte nie verstanden, warum sie sich nicht so konzentrieren konnte wie ihre Klassenkameraden, warum sie bei Hausaufgaben oft abgeschweift war, obwohl sie die Antworten schon längst kannte. Anstatt ihr zu zeigen, wie sie mit ihrer Denkweise umgehen konnte, wurde sie als desinteressiert abgestempelt.

„Wenn sie sich nur ein wenig mehr anstrengen würde...", hatten die Lehrer gesagt. Und irgendwann hatte Clara begonnen, das selbst zu glauben. Sie hatte sich eingeredet, dass sie einfach nicht genug tat, dass sie sich nicht hart genug anstrengte. Aber nun, mit der Erkenntnis ihrer Hochbegabung, wurde klar, dass es nicht an ihrer Anstrengung gelegen hatte. Ihr Problem war nicht mangelnde Konzentration – es war, dass sie nie gelernt hatte, ihre schnell arbeitenden Gedanken zu strukturieren und zu kontrollieren.

Clara schloss die Augen und atmete tief durch. Der Schmerz dieser Erkenntnis schnitt tief. Sie stellte sich vor, was hätte sein können, wenn die Lehrer damals ihr Potenzial erkannt hätten, anstatt sie zu kritisieren. Was wäre passiert, wenn man sie richtig gefördert hätte? Wenn man ihr beigebracht hätte, wie sie ihre schnellen, sprunghaften Gedanken kanalisieren konnte? Vielleicht wäre sie heute eine völlig andere Person.

„Ich hätte alles sein können", flüsterte Clara, ihre Stimme brüchig. Sie öffnete die Augen und sah den Brief vor sich liegen. „Ich hätte Ärztin sein können. Oder im Vorstand eines Unternehmens sitzen können."

Der Gedanke daran, was sie hätte erreichen können, war überwältigend. Clara stellte sich vor, wie sie in einer Führungsposition gewesen wäre, wie sie Entscheidungen getroffen hätte, die die Zukunft von Menschen beeinflussten. Oder wie sie Ärztin geworden wäre und Menschen geholfen hätte, gesund zu werden. Es schien ihr, als hätte sie unzählige Möglichkeiten verpasst, weil niemand in ihrem Leben jemals das wahre Potenzial in ihr gesehen hatte.

Das war der schmerzlichste Teil dieser Erkenntnis. Nicht nur, dass sie jetzt wusste, was sie war – sondern dass sie es ihr ganzes Leben lang nicht gewusst hatte. Sie hatte sich durch ein Bildungssystem navigiert, das sie nicht verstanden hatte, durch eine Welt, die nicht auf Menschen wie sie zugeschnitten war. Sie war gezwungen gewesen, sich anzupassen, sich selbst klein zu machen, ihre Gedanken zu verlangsamen, damit andere mitkommen konnten. Und das hatte sie Jahre ihres Lebens gekostet.

Clara fragte sich, wie ihr Leben verlaufen wäre, wenn sie schon als Kind von ihrer Hochbegabung gewusst hätte. Hätte sie dann ein Studium in Physik oder Medizin begonnen? Hätte sie vielleicht eine Karriere als Wissenschaftlerin eingeschlagen? Oder hätte sie sich in der Wirtschaft durchgesetzt, wo schnelle Entscheidungen und innovative Ideen gefragt waren? Sie wusste, dass sie die Antwort auf diese Fragen niemals wirklich erfahren würde, aber die Trauer darüber, dass sie diese Chancen nie hatte, ließ sich nicht ignorieren.

Am nächsten Morgen wachte Clara früh auf, das Gewicht dieser neuen Erkenntnis lag schwer auf ihr. Sie versuchte, ihre Gedanken zu ordnen, während sie ihren morgendlichen Tee trank, aber es fiel ihr schwer. Sie fühlte sich in einem inneren Sturm gefangen – einer Mischung aus Erleichterung und Bedauern, die sie nicht losließ.

In der Arbeit angekommen, schien alles wie immer zu sein. Ihre Kollegen saßen an ihren Schreibtischen, in Gespräche und

Aufgaben vertieft. Doch Clara sah alles durch eine neue Linse. Sie beobachtete Lukas, der sich angestrengt über eine Analyse beugte, und Sandra, die versuchte, die Verkaufszahlen für den Monat zu interpretieren. Beide arbeiteten hart, aber Clara spürte plötzlich, wie anders sie im Vergleich zu ihnen war.

Die Zahlen, die Lukas analysierte, machten für Clara sofort Sinn. Sie konnte die Verbindungen und Muster in wenigen Sekunden sehen, wo Lukas noch grübelte. Es war nicht das erste Mal, dass sie das bemerkte, aber diesmal fühlte es sich anders an. Es war nicht nur eine zufällige Beobachtung. Es war die Erkenntnis, dass ihr Gehirn einfach anders funktionierte.

„Hätte ich das nur früher gewusst", dachte sie bei sich, während sie an ihren eigenen Aufgaben arbeitete. *Vielleicht hätte ich dann gelernt, wie ich meine Gedanken effizienter nutzen kann.* Stattdessen hatte sie jahrelang versucht, ihre Denkweise an die der anderen anzupassen, sich langsamer zu machen, damit sie nicht auffiel. Und jetzt, mit 32 Jahren, hatte sie das Gefühl, als hätte sie wertvolle Zeit verloren.

Im Laufe des Tages, als sie sich in Meetings befand und mit ihren Kollegen sprach, wurde Clara immer bewusster, wie sehr sie sich in der Vergangenheit selbst unterschätzt hatte. Wie oft hatte sie bei Diskussionen den richtigen Lösungsansatz im Kopf gehabt, ihn aber nicht ausgesprochen, weil sie das Gefühl hatte, dass ihre Ideen zu „abwegig" oder „kompliziert" waren? Jetzt wusste sie, dass diese Zurückhaltung sie vielleicht davon abgehalten hatte, beruflich erfolgreicher zu sein.

Es war ein eigenartiges Gefühl, mit diesem Wissen weiterzuarbeiten. Einerseits fühlte sie sich befreit, weil sie endlich verstand, warum sie sich immer so anders gefühlt hatte. Andererseits war da dieser ständige Schmerz darüber, was sie alles hätte erreichen können, wenn sie früher gewusst hätte, was in ihr steckte.

Clara saß an ihrem Schreibtisch und versuchte, sich auf die aktuellen Projekte zu konzentrieren, doch ihre Gedanken schweiften immer wieder ab. Sie stellte sich vor, was sie in den kommenden Jahren tun könnte, um das, was sie verloren hatte, irgendwie wettzumachen. Hatte sie noch Zeit, ihre Träume zu verfolgen? War es möglich, jetzt, wo sie die Wahrheit kannte, eine neue Richtung einzuschlagen?

Vielleicht war es nicht zu spät. Vielleicht konnte sie immer noch etwas Großes aus ihrem Leben machen. Aber die Frage war: Wie? Clara spürte, dass sie nicht einfach weitermachen konnte wie bisher. Ihr Job, der sie immer mehr frustrierte, schien ihr nun fast unerträglich. Sie wollte nicht länger in einer Position bleiben, in der sie sich gefangen fühlte, in der ihre Ideen und ihre Denkweise nicht gewürdigt wurden.

Am Abend, als Clara nach Hause kam, fühlte sie sich ausgelaugt. Nicht von der Arbeit selbst, sondern von den Gedanken, die den ganzen Tag in ihrem Kopf kreisten. Sie setzte sich auf das Sofa und starrte ins Leere. Es war schwer, die Emotionen zu verarbeiten, die in ihr tobten.

Schließlich griff sie nach ihrem Handy und tippte Lenas Nummer ein. Sie hatte sich seit dem Test nicht mehr bei Lena gemeldet, und sie wusste, dass sie mit jemandem darüber sprechen musste – mit jemandem, der sie verstand.

Die Nachricht war kurz, aber ehrlich: *„Hi Lena, ich habe das Ergebnis bekommen. Es ist 135. Ich weiß nicht, wie ich mich fühlen soll – erleichtert, aber auch traurig. Können wir uns treffen?"*

FÜZTEHN

Clara saß im Bus auf dem Weg zum „Lunas", der Bar, in der sie Lena das erste Mal getroffen hatte. Es war ein kühler Abend, die Fenster des Busses beschlagen, während draußen die Lichter der Stadt vorbeizogen. Ihre Gedanken waren ein Wirrwarr – das Testergebnis, die Gespräche mit ihren Kollegen, ihre Zukunftspläne. Seit sie Lena geschrieben hatte, wartete sie ungeduldig auf das Wiedersehen.

Der kurze Austausch per Nachricht hatte bereits einiges in Clara bewegt. Lena hatte auf ihre Nachricht geantwortet: 135 ist beeindruckend, Clara. Du solltest stolz auf dich sein. Aber es ist normal, sich verloren zu fühlen. Ich bin in der Bar. Komm vorbei, wenn du reden möchtest.

Und nun war Clara auf dem Weg. Sie fühlte sich seltsam aufgeregt, als stünde sie an der Schwelle zu einer Veränderung, die sie nicht mehr rückgängig machen konnte. Ihr Herz schlug schneller, während sie sich fragte, wie dieses Gespräch verlaufen würde. Aber sie wusste, dass sie darüber reden musste – mit jemandem, der verstand, was es bedeutete, sich anders zu fühlen.

Als Clara die Bar betrat, war es wie beim letzten Mal ruhig und gemütlich. Das warme Licht der Lampen und die leisen Gespräche der wenigen Gäste erzeugten eine Atmosphäre der Vertrautheit. Lena stand wieder hinter dem Tresen, genauso wie Clara sie in Erinnerung hatte – selbstbewusst und mit diesem unerschütterlichen Ausdruck, der sie sofort beruhigte. „Clara!" rief Lena, als sie sie erblickte. „Ich habe uns einen Tisch in der Ecke reserviert. Komm, setz dich."

Clara ließ sich auf den Stuhl fallen und nahm das Glas Wasser, das Lena ihr reichte. Sie spürte, wie die Last der letzten Tage sie plötzlich übermannte, als sie sich entspannte. Für einen Moment saßen sie schweigend da, bis Lena das Schweigen brach. „Also, 135", sagte sie mit einem aufmunternden Lächeln. „Das ist ziemlich beeindruckend, weißt du das?" Clara zuckte leicht mit den Schultern. „Es fühlt sich nicht so an. Ich dachte, es würde mir Klarheit bringen, aber stattdessen..." Sie brach ab und suchte nach den richtigen Worten. „Es hat mir nur gezeigt, wie viel ich verpasst habe. Wie viele Chancen ich nie hatte, weil ich nicht wusste, dass ich so bin."

Lena nickte. „Ich verstehe, was du meinst. Es ist nicht leicht, plötzlich etwas über sich zu erfahren, das dein ganzes Leben verändern könnte – besonders, wenn du das Gefühl hast, dass dir dadurch viele Gelegenheiten entgangen sind."

Clara nahm einen Schluck und sah Lena in die Augen. „Ich hätte alles sein können, Lena. Ich hätte etwas aus meinem Leben machen können, das meinen Fähigkeiten entspricht. Aber stattdessen sitze ich in einem Job fest, der mich frustriert und in dem niemand wirklich versteht, wie ich denke."

Lena lehnte sich zurück und sah Clara eine Weile schweigend an, bevor sie sprach. „Weißt du, Clara, ich glaube, jeder Mensch hat irgendwann diesen Moment, in dem er sich fragt: ‚Was hätte ich sein können?' Du bist jetzt an einem Punkt, an dem du diese Frage auf eine neue Weise stellen musst. Du weißt jetzt, dass du anders denkst, schneller, tiefer – und das ist ein Geschenk. Aber es ist auch eine Herausforderung." „Eine Herausforderung?", fragte Clara, überrascht. „Ja", sagte Lena. „Denn jetzt liegt es an dir, zu entscheiden, was du mit diesem Wissen machst. Du kannst nicht in der Vergangenheit leben und ständig darüber nachdenken, was du verpasst hast. Was zählt, ist, was du jetzt damit anfängst."

Clara senkte den Blick und drehte das Glas in ihren Händen. Lenas Worte klangen weise, doch in ihr tobte immer noch der Schmerz der verlorenen Zeit. „Aber wie soll ich damit umgehen? Ich habe das Gefühl, dass ich so viel Zeit verschwendet habe. Ich könnte heute in einer Führungsposition sein, ich könnte Ärztin sein oder irgendetwas, das meinen Fähigkeiten entspricht. Stattdessen sitze ich in einem Büro und arbeite an Projekten, die mich nicht erfüllen."

Lena nickte. „Ich verstehe, aber Clara – du bist nicht allein damit. Hochbegabte Menschen haben oft das Gefühl, dass sie nicht das tun, was ihrem Potenzial entspricht. Aber es ist nie zu spät, das zu ändern." Clara sah Lena an, die wie immer so unerschütterlich wirkte. „Und wie? Wie soll ich jetzt noch etwas ändern? Ich bin 32. Ich kann nicht einfach mein Leben umkrempeln."

Lena lächelte sanft. „Warum nicht? Wer sagt, dass du nicht kannst? Nur weil du jetzt in einem Job feststeckst, der dich nicht glücklich macht, heißt das nicht, dass du dort bleiben musst. Du hast Fähigkeiten, die viele Menschen nicht haben, und du hast jetzt die Möglichkeit, dein Leben in eine Richtung zu lenken, die dich erfüllt. Aber du musst den Mut haben, es zu tun."

Clara schwieg, während Lenas Worte in ihr nachhallten. Sie hatte sich selbst immer als Opfer der Umstände gesehen, als jemand, der sich den Gegebenheiten anpassen musste, weil es keinen anderen Weg gab. Aber jetzt, wo sie wusste, was wirklich in ihr steckte, fragte sie sich, ob sie tatsächlich den Mut hatte, ihr Leben zu ändern. „Aber was soll ich tun?", fragte Clara schließlich, fast verzweifelt. „Ich weiß, dass ich mehr kann, aber ich habe das Gefühl, dass ich nicht weiß, wo ich anfangen soll."

Lena legte ihre Hand auf Claras. „Du fängst an, indem du dir selbst erlaubst, groß zu denken. Hör auf, dich kleinzumachen oder dich an die Erwartungen anderer anzupassen. Stell dir vor, was du wirklich willst, und dann fang an, daran zu arbeiten. Vielleicht bedeutet das, dass du deinen Job wechselst oder sogar eine ganz neue Richtung einschlägst. Vielleicht bedeutet es, dass du dich weiterbildest oder an etwas Eigenem arbeitest. Aber was auch immer es ist – du hast die Fähigkeiten dazu."

Clara ließ die Worte auf sich wirken. Sie wusste, dass Lena recht hatte. Sie hatte ihr Leben lang geglaubt, dass sie sich in ein System einfügen musste, das nicht für sie gemacht war. Aber jetzt verstand sie, dass sie die Möglichkeit hatte, etwas anderes zu wählen. Es würde nicht einfach sein, und der Gedanke an die Unsicherheit machte ihr Angst. Doch gleichzeitig fühlte sie eine leise Hoffnung aufkeimen – eine Hoffnung, dass sie endlich ihren eigenen Weg finden könnte.

Sie verbrachten den Rest des Abends damit, über Möglichkeiten zu sprechen. Lena erzählte von ihrer eigenen Erfahrung als Mathematik- und Physikstudentin, wie sie oft mit dem Druck kämpfte, sich an die Denkweisen anderer anzupassen, und wie sie gelernt hatte, ihre eigene Intelligenz als Stärke zu sehen, anstatt sie zu verstecken.

„Ich war immer das ‚komische' Kind", sagte Lena mit einem leichten Lachen. „Ich war die, die bei Matheaufgaben fünf Schritte weiter war als alle anderen, aber niemand konnte mir folgen. Es war frustrierend. Aber irgendwann habe ich aufgehört, mich darüber zu ärgern, und stattdessen akzeptiert, dass ich einfach anders denke. Das hat mir geholfen, meine eigene Stimme zu finden." Clara nickte. Sie konnte sich in Lenas Worten wiedererkennen. Auch sie hatte oft das Gefühl gehabt, schneller zu denken als die Menschen um sie herum, aber anstatt stolz darauf zu sein, hatte sie sich dafür geschämt. Vielleicht war es an der Zeit, diesen Teil von sich anzunehmen und zu lernen, damit zu leben. „Ich bewundere dich", sagte Clara schließlich. „Du bist so jung, aber du hast schon so viel über dich selbst gelernt. Ich wünschte, ich hätte das früher getan." Lena lächelte. „Es ist nie zu spät, Clara. Es geht nicht darum, wie früh oder spät man diese Erkenntnis hat – es geht darum, was man daraus macht."

Als Clara an diesem Abend nach Hause kam, fühlte sie sich zum ersten Mal seit Tagen leichter. Das Gespräch mit Lena hatte ihr geholfen, die Erleichterung über ihr Testergebnis zu akzeptieren, aber auch den Schmerz über die verlorene Zeit loszulassen. Sie wusste, dass sie nicht die Kontrolle über ihre Vergangenheit hatte, aber sie konnte die Kontrolle über ihre Zukunft übernehmen.

Sie setzte sich an ihren Küchentisch, nahm ein Blatt Papier und einen Stift und begann, ihre Gedanken zu ordnen. Sie wollte einen Plan entwickeln, wollte herausfinden, wie sie ihr Leben in eine Richtung lenken konnte, die sie erfüllte. Lena hatte recht gehabt: Es war nie zu spät, neu anzufangen.

Clara schrieb die Dinge auf, die sie wirklich wollte – beruflich und persönlich. Sie wollte in einem Job arbeiten, in dem ihre Fähigkeiten gewürdigt wurden. Sie wollte in einem Umfeld sein, in dem sie sich verstanden fühlte. Und sie wollte ihre Zeit damit verbringen, etwas zu tun, das sie herausforderte und erfüllte.

Es war der Anfang eines neuen Kapitels, und Clara spürte, dass sie endlich den Mut hatte, es zu schreiben.

SECHSZEHN

Der Morgen war klar und kühl, als Clara an ihrem Küchentisch saß, vor sich das Blatt Papier, das sie am Vorabend beschrieben hatte. Es war ihr Plan – oder zumindest der erste Entwurf davon. Nach ihrem Gespräch mit Lena hatte sie das Gefühl, dass es endlich an der Zeit war, ihr Leben in die Hand zu nehmen. Die Gedanken, die sich seit dem Testergebnis in ihrem Kopf gedreht hatten, begannen nun, sich zu ordnen.

Der Gedanke, dass sie eine klare Richtung einschlagen konnte, erfüllte sie mit einer gewissen Aufregung, aber auch mit Angst. Der Plan, den sie sich notiert hatte, schien machbar, doch der Sprung ins Unbekannte war beängstigend. Sie war 32 Jahre alt, und der Gedanke, alles umzukrempeln, schien gleichzeitig verlockend und beängstigend.

Clara nahm das Papier in die Hand und las noch einmal, was sie aufgeschrieben hatte.

Karriere überdenken: Finde einen Job, der zu meinen Fähigkeiten passt. Ein Umfeld, das mich herausfordert und inspiriert.

Weiterbildung: Überlege, ob ein Studium oder eine neue berufliche Qualifikation sinnvoll ist.

Selbstakzeptanz: Lerne, stolz auf meine Hochbegabung zu sein, anstatt sie zu verstecken.

Mentoren finden: Menschen suchen, die mich unterstützen und verstehen.

Leben mit Klarheit: Akzeptiere, dass ich anders denke, und lerne, es als Stärke zu sehen.

Clara lehnte sich zurück und starrte auf die Liste. Es war ein Anfang, ein Wegweiser für das, was kommen sollte. Aber es fühlte sich immer noch überwältigend an. Wie sollte sie das alles umsetzen?

Als Clara am nächsten Tag ins Büro kam, fühlte sie sich verändert. Die Gespräche mit Lena und die Klarheit, die sie gewonnen hatte, schwebten wie eine unsichtbare Schutzschicht um sie herum. Doch während sie sich durch ihre E-Mails arbeitete und sich auf die anstehenden Aufgaben konzentrierte, wurde ihr klar, dass ihr jetziger Job ihr immer weniger entsprach.

Lukas kam an ihrem Schreibtisch vorbei und legte ihr einen Stapel Berichte hin. „Clara, kannst du dir das bitte ansehen? Wir müssen das bis Ende der Woche analysiert haben."

Clara nickte automatisch, doch innerlich spürte sie einen Widerstand. Die Arbeit erschien ihr bedeutungslos, sie fühlte sich, als würde sie ihre Fähigkeiten verschwenden. Was hatte sie in diesem Job noch zu suchen? Die Daten, die sie analysieren sollte, stellten keine Herausforderung dar. Ihre Ideen und Gedanken fanden in diesem Umfeld keinen Platz.

In der Mittagspause zog sich Clara zurück, setzte sich auf eine Bank im nahegelegenen Park und holte ihr Handy heraus. Sie begann, nach Stellenanzeigen zu suchen. Nicht irgendwelche Jobs, sondern solche, die ihrer neu gewonnenen Erkenntnis entsprachen. Sie wollte in einem Umfeld arbeiten, das ihre Denkweise nicht nur akzeptierte, sondern auch wertschätzte.

Es dauerte nicht lange, bis sie auf eine Anzeige stieß, die ihr Interesse weckte. Eine Beratungsfirma suchte nach innovativen Denkern, nach Menschen, die schnell Lösungen finden und komplexe Probleme angehen konnten. Clara las die Anzeige mehrmals durch und spürte, wie eine Mischung aus Aufregung und Zweifel in ihr aufstieg.

„Das könnte es sein", murmelte sie leise zu sich selbst. Aber gleichzeitig fragte sie sich, ob sie den Mut hatte, den Jobwechsel tatsächlich durchzuziehen. War sie wirklich bereit, alles hinter sich zu lassen und einen neuen Weg einzuschlagen?

Am Abend rief Clara Lena an. Sie musste mit jemandem sprechen, der verstand, was in ihr vorging. Lena nahm nach dem dritten Klingeln ab, und sofort spürte Clara, wie sich ihre Anspannung löste.

„Hey, Clara! Wie läuft's?" Lenas Stimme war fröhlich, fast beruhigend. „Es geht", sagte Clara und lachte leise. „Ich habe den ganzen Tag darüber nachgedacht, was wir besprochen haben. Und ich glaube, ich bin bereit, etwas zu ändern. Aber es macht mir auch Angst." „Das ist normal", sagte Lena. „Veränderung ist nie einfach, besonders wenn es um so grundlegende Dinge geht. Aber du hast den ersten Schritt gemacht, und das ist das Wichtigste." Clara seufzte. „Ich habe heute eine Stellenanzeige gesehen, die mich wirklich angesprochen hat. Es ist ein Beratungsunternehmen, und sie suchen nach Menschen, die innovativ und schnell denken können. Es klingt perfekt, aber... was, wenn ich nicht gut genug bin?" „Clara", sagte Lena fest. „Du bist mehr als gut genug. Dein IQ-Test hat dir das bestätigt, aber du wusstest das schon lange. Es ist an der Zeit, dass du aufhörst, dich selbst zu unterschätzen. Du hast Fähigkeiten, die viele Menschen nicht haben, und das ist etwas, das du nicht länger verstecken solltest." „Ich weiß", sagte Clara leise. „Aber es ist schwer, diese alte Denkweise loszulassen. All die Jahre habe ich geglaubt, dass ich nicht genug bin." „Das ist die Herausforderung", sagte Lena. „Aber du schaffst das. Du bist auf dem richtigen Weg. Du musst nur den nächsten Schritt machen." Clara spürte, wie sich ein Lächeln auf ihrem Gesicht ausbreitete. Lenas Worte gaben ihr genau das, was sie brauchte

– einen Schub an Selbstvertrauen. „Danke, Lena. Ich glaube, ich werde es versuchen."

Am nächsten Morgen stand Clara früh auf. Sie war entschlossen, den Jobwechsel in Angriff zu nehmen. Sie setzte sich an ihren Schreibtisch und begann, ihren Lebenslauf zu aktualisieren. Sie führte ihre bisherigen Erfolge auf, hob ihre analytischen Fähigkeiten hervor und legte den Fokus auf ihre Fähigkeit, kreative Lösungen für komplexe Probleme zu finden. Während sie schrieb, spürte sie, wie ihr Selbstvertrauen langsam wuchs.

Nachdem sie ihren Lebenslauf fertiggestellt hatte, schrieb sie eine Bewerbung und schickte sie an die Beratungsfirma. Es fühlte sich an wie ein gewaltiger Schritt, aber gleichzeitig wusste sie, dass sie es tun musste. Sie konnte nicht länger in einem Job feststecken, der sie nicht herausforderte und in dem sie sich ständig unterfordert fühlte.

Die nächsten Tage waren geprägt von einer Mischung aus Aufregung und Nervosität. Clara arbeitete weiter in ihrem bisherigen Job, aber ihre Gedanken waren ständig bei der Bewerbung, die sie abgeschickt hatte. Würde die Firma sie überhaupt in Betracht ziehen? Oder würde sie wieder enttäuscht werden?

Eine Woche später kam die Antwort. Clara saß an ihrem Schreibtisch, als die E-Mail eintraf. Ihr Herzschlag beschleunigte sich, während sie die Nachricht öffnete.

„Sehr geehrte Frau Lewis, wir danken Ihnen für Ihre Bewerbung und laden Sie herzlich zu einem Vorstellungsgespräch ein. Wir sind von Ihrem Profil beeindruckt und freuen uns darauf, Sie persönlich kennenzulernen."

Claras Herz setzte einen Moment aus. Sie hatte es geschafft – sie hatte den ersten Schritt getan. Das Vorstellungsgespräch war in einer Woche, und plötzlich fühlte sich alles realer an. Es war kein Traum mehr, keine vage Idee. Sie war tatsächlich auf dem Weg, ihr Leben zu verändern.

Clara bereitete sich intensiv auf das Vorstellungsgespräch vor. Sie las alles über das Unternehmen, dachte über mögliche Fragen nach und versuchte, sich mental auf den Tag vorzubereiten. Doch die Unsicherheit ließ sie nicht ganz los. Was, wenn sie nicht gut genug war? Was, wenn sie trotz ihrer Fähigkeiten nicht in das Unternehmen passte?

Am Tag des Gesprächs war Clara nervös, aber entschlossen. Das Büro der Beratungsfirma war modern, mit großen Glasfronten und einem offenen Raumkonzept. Sie wurde freundlich empfangen und in einen Besprechungsraum geführt, wo zwei Manager auf sie warteten.

Das Gespräch verlief besser, als Clara erwartet hatte. Die Manager stellten Fragen zu ihren bisherigen Erfahrungen und ihren analytischen Fähigkeiten, und Clara spürte, wie sie sicherer wurde, je länger das Gespräch dauerte. Sie sprach offen über ihre Denkweise, über ihre schnellen Gedankensprünge und ihre Fähigkeit, kreative Lösungen zu finden. Und zum ersten Mal hatte sie das Gefühl, dass diese Eigenschaften geschätzt wurden.

Am Ende des Gesprächs sagten die Manager, dass sie sich bald bei ihr melden würden. Clara verließ das Büro mit einem Gefühl der Erleichterung. Egal, wie es ausging – sie hatte es geschafft, den ersten Schritt in Richtung Veränderung zu machen.

Am Abend, als Clara zu Hause auf dem Sofa saß und den Tag Revue passieren ließ, fühlte sie eine tiefe Zufriedenheit. Sie hatte den Mut gefunden, etwas zu verändern, und egal, was als Nächstes passieren würde, sie wusste, dass sie auf dem richtigen Weg war. Sie nahm ihr Handy und schrieb Lena eine Nachricht: Ich hatte heute mein Vorstellungsgespräch. Es lief gut. Danke nochmal für deine Unterstützung. Lena antwortete fast sofort: Ich wusste, dass du es schaffst! Das ist erst der Anfang, Clara. Jetzt kannst du anfangen, dein Leben nach deinen eigenen Regeln zu gestalten.

Clara legte das Handy beiseite und lächelte. Ja, das war erst der Anfang. Aber es war der Anfang eines Lebens, das sie selbst in die Hand nahm – eines Lebens, das ihrem wahren Potenzial entsprach.

SIEBZEHN

Es war einer dieser ruhigen Abende, an denen Clara in ihrer Wohnung saß und die letzten Wochen Revue passieren ließ. Seit dem Vorstellungsgespräch bei der Beratungsfirma hatte sie das Gefühl, dass sich ihr Leben in eine neue Richtung bewegte. Das Gespräch war gut verlaufen, und sie wartete nun ungeduldig auf eine Antwort. Sie wusste, dass sie den ersten Schritt gemacht hatte, aber die Unsicherheit über das Ergebnis nagte dennoch an ihr.

Mit einem Glas Wein in der Hand und leiser Musik im Hintergrund versuchte sie, ihre Gedanken zu beruhigen. Sie war stolz auf sich, dass sie den Mut gefunden hatte, sich beruflich neu zu orientieren. Doch gleichzeitig war da auch die Frage: *Was kommt als Nächstes?*

Während sie in Gedanken versunken war, summte ihr Handy auf dem Tisch. Clara griff danach, ohne viel darüber nachzudenken, doch als sie den Absender der Nachricht sah, hielt sie inne. Jonas.

Ihr Herz schlug schneller, als sie den Namen auf dem Bildschirm las. Sie hatten schon seit Wochen keinen Kontakt mehr gehabt, und Clara war überrascht, dass er sich ausgerechnet jetzt meldete. Es war nicht das erste Mal, dass Jonas nach einer langen Funkstille wieder in ihr Leben trat, und jedes Mal brachte er ihre Gefühle durcheinander. Doch diesmal fühlte es sich anders an. Sie war nicht mehr dieselbe Clara, die sie noch vor ein paar Monaten gewesen war. Zögernd öffnete sie die Nachricht.

"Hey Clara, wie geht's dir? Ich habe neulich an dich gedacht und mich gefragt, wie es dir so ergeht. Lass uns doch mal wieder treffen, wenn du Lust hast."

Clara starrte auf den Bildschirm. Die Nachricht war kurz und unverfänglich, aber sie spürte das bekannte Prickeln, das sie immer verspürte, wenn Jonas sich meldete. Sie hatten nie eine klare Beziehung geführt, es war immer ein Hin und Her zwischen Freundschaft und mehr gewesen. Es war diese unausgesprochene Spannung zwischen ihnen, die Clara manchmal beflügelte, aber auch verwirrte.

Sie stellte das Glas auf den Tisch und lehnte sich zurück. Was sollte sie tun? Jonas war jemand, der immer wieder in ihrem Leben aufgetaucht war, oft ohne Vorwarnung. Sie hatten gute Zeiten miteinander verbracht, doch es hatte nie wirklich gefunkt – zumindest nicht in einer Weise, die zu etwas Beständigem geführt hätte.

Am nächsten Morgen ging Clara mit gemischten Gefühlen zur Arbeit. Jonas' Nachricht lag immer noch schwer auf ihr, doch sie hatte sich entschieden, ihm nicht sofort zu antworten. Ihre Gedanken waren zu sehr auf das Vorstellungsgespräch und ihre berufliche Zukunft fokussiert, als dass sie sich jetzt auf eine mögliche Wiederaufnahme ihrer Beziehung zu Jonas konzentrieren konnte.

Der Tag verging schneller, als sie erwartet hatte. Sie hatte viel zu tun, aber ihre Gedanken schweiften immer wieder zu Jonas ab. Sie fragte sich, ob er sich wirklich verändert hatte, oder ob er wieder nur der Jonas war, der sich meldete, wenn ihm langweilig war oder er Bestätigung suchte. Als sie in ihrer Mittagspause auf einer Bank im Park saß, holte sie ihr Handy hervor und tippte eine kurze Antwort.

"Hi Jonas, mir geht's gut, danke. Ich habe viel um die Ohren, aber wir können uns gerne mal treffen. Lass uns bald einen Termin ausmachen."

Es fühlte sich komisch an, ihm zu antworten, aber gleichzeitig auch befreiend. Sie wollte diese losen Enden in ihrem Leben klären, anstatt sie einfach weiter hängen zu lassen. Jonas war Teil ihrer Vergangenheit, aber sie musste wissen, ob er auch Teil ihrer Zukunft sein konnte – oder ob es an der Zeit war, endgültig weiterzugehen.

Am Abend erhielt Clara eine E-Mail von der Beratungsfirma. Ihr Herz setzte kurz aus, als sie den Absender sah. Sie öffnete die Nachricht mit zitternden Händen, doch als sie die Worte las, breitete sich ein Lächeln auf ihrem Gesicht aus.

Sehr geehrte Frau Meier, wir freuen uns, Ihnen mitteilen zu können, dass wir Ihnen die Position anbieten möchten. Wir sind überzeugt, dass Ihre Fähigkeiten und Denkweise perfekt in unser Team passen. Bitte lassen Sie uns wissen, ob Sie unser Angebot annehmen möchten.

Clara konnte es kaum glauben. Sie hatte den Job bekommen. Für einen Moment war alles andere vergessen – Jonas, die Unsicherheiten, die Zweifel. Sie hatte es geschafft. Endlich hatte sie das Gefühl, dass sie in einem Umfeld arbeiten würde, das ihre Denkweise und ihre Fähigkeiten wertschätzte. Schnell griff sie zum Telefon und rief Lena an.

„Clara!" Lenas Stimme klang aufgeregt, als sie abhob. „Wie geht es dir?" „Ich habe den Job bekommen", platzte Clara heraus, noch bevor sie sich bremsen konnte. „Wirklich?" Lenas Freude war spürbar. „Ich wusste, dass du es schaffen würdest! Das ist fantastisch!" Clara lachte, zum ersten Mal seit Tagen fühlte sie sich leicht. „Ja, ich kann es kaum glauben. Ich dachte, ich wäre nicht gut genug, aber sie haben mir die Stelle angeboten." „Du bist definitiv gut genug", sagte Lena ernst. „Das ist der Anfang eines neuen Kapitels für dich, Clara. Du hast den Mut gehabt, dein Leben zu verändern, und jetzt siehst du die Früchte deiner Arbeit." Clara nickte, auch wenn Lena sie nicht sehen konnte. „Es fühlt sich gut an, endlich in die richtige Richtung zu gehen." Doch während Clara an diesem Abend auf ihrem Sofa saß, konnte sie nicht anders, als wieder an Jonas zu denken. Seine Nachricht war wie ein Schatten über ihrem Erfolg. Sie fragte sich, was er jetzt von ihr wollte. Wusste er, dass sie auf dem Weg war, ihr Leben zu verändern, und versuchte, wieder ein Teil davon zu werden? Oder war es einfach nur ein Zufall?

Clara seufzte und nahm ihr Handy in die Hand. Sie wusste, dass sie nicht einfach so tun konnte, als wäre Jonas nicht Teil ihres Lebens gewesen. Sie musste herausfinden, was er wirklich wollte, und ob er in ihr neues Leben passte. Sie tippte eine Nachricht: *„Jonas, lass uns nächste Woche auf einen Kaffee treffen. Ich habe viel zu erzählen."*

Die nächsten Tage vergingen schnell, während Clara sich auf ihre neue Stelle vorbereitete. Sie sprach mit ihrem jetzigen Arbeitgeber, kündigte formell, und bereitete sich mental auf den Neuanfang vor. Es war aufregend, aber auch einschüchternd. Sie wusste, dass sie viel lernen und sich anpassen musste, aber diesmal fühlte es sich anders an. Diesmal wusste sie, dass sie die Kontrolle hatte.

Als der Tag des Treffens mit Jonas schließlich kam, war Clara nervös. Sie war sich nicht sicher, was sie von dem Wiedersehen erwarten sollte. War es ein einfaches Treffen unter Freunden? Oder wollte Jonas mehr? Sie traf sich mit ihm in einem kleinen Café, das sie früher oft besucht hatten.

Jonas wartete bereits am Tisch, als sie ankam. Er sah genauso aus wie immer – charmant, entspannt, mit diesem leicht schelmischen Lächeln, das sie schon immer fasziniert hatte. Doch diesmal spürte Clara, dass sich etwas verändert hatte. Sie war nicht mehr das unsichere Mädchen, das er gekannt hatte.

„Clara!" Jonas stand auf und begrüßte sie herzlich. „Es ist so lange her! Wie geht's dir?"

„Gut" sagte Clara und setzte sich ihm gegenüber. „Viel hat sich verändert."

Sie bestellten ihre Getränke, und Clara erzählte ihm von ihrem neuen Job, von den Veränderungen in ihrem Leben, und wie sie sich neu orientiert hatte. Jonas hörte aufmerksam zu, doch Clara konnte nicht genau einschätzen, was in ihm vorging. War er stolz auf sie? Oder hatte er gehofft, dass sie noch die alte Clara war, die immer für ihn da war?

Als sie fertig war, lehnte sich Jonas zurück und sah sie an. „Es klingt, als hättest du alles richtig gemacht. Ich wusste immer, dass du besonders bist." Clara lächelte schwach. „Danke, Jonas. Aber es war ein langer Weg." „Und du hast es geschafft", sagte er, sein Blick intensiver als zuvor. „Du hast dich verändert, Clara. Aber ich hoffe, dass du immer noch dieselbe Person bist, die ich gekannt habe."

Clara hielt seinem Blick stand und spürte, wie ihre Unsicherheiten aufstiegen. Jonas war ein Teil ihrer Vergangenheit, aber sie wusste, dass sie sich weiterentwickelt hatte. Sie war nicht mehr dieselbe Clara. Die Frage war nur: Wollte sie, dass Jonas auch Teil ihrer Zukunft war?

ACHTZEHN

Clara konnte nicht aufhören, an das Gespräch mit Jonas zu denken. Das Treffen war seltsam gewesen, wie eine Begegnung mit einem alten Bekannten, den man gut kennt, aber gleichzeitig fremd wirkt. Jonas war charmant und aufmerksam gewesen, so wie immer, doch Clara spürte, dass sich etwas verändert hatte. Vielleicht war es sie, die sich verändert hatte. Sie war nicht mehr die unsichere Frau, die ihn früher bewundert hatte. Sie war jetzt an einem Punkt in ihrem Leben, an dem sie verstand, dass sie mehr brauchte – mehr als die flüchtige Vertrautheit einer alten Beziehung.

Es war ein Samstagmorgen, und Clara saß auf der Couch, den Laptop auf dem Schoß. Draußen fiel leichter Regen, der sanft gegen die Fensterscheiben prasselte. Ihre Gedanken drehten sich immer noch um das Vorstellungsgespräch bei der Beratungsfirma. Sie hatte den Job bekommen, doch die Unsicherheit war geblieben. *Was, wenn ich das nicht schaffe?* fragte sie sich. *Was, wenn ich mich überschätzt habe?*

Ihre Hand glitt über das Touchpad des Laptops, als sie begann, alte Nachrichten von Jonas durchzusehen. Sie waren voller Andeutungen, voller unausgesprochener Versprechen. Immer wieder war Jonas in ihrem Leben aufgetaucht, wie eine Welle, die sie mit sich riss, nur um sich dann zurückzuziehen und sie auf unsicherem Grund stehen zu lassen.

Jonas hatte in ihrer Vergangenheit eine wichtige Rolle gespielt. Er war in den Momenten da gewesen, in denen sie sich verloren gefühlt hatte, aber er war auch derjenige, der nie wirklich geblieben war. Clara hatte sich oft gefragt, ob ihre Beziehung zu Jonas eine Art von Flucht gewesen war – eine Möglichkeit, der Realität zu entkommen, die sie erdrückte. Doch jetzt, wo sie sich selbst und ihr Leben neu ordnete, war sie sich nicht sicher, ob sie ihn noch in diesem neuen Kapitel ihres Lebens brauchte.

Der Nachmittag verstrich, während Clara versuchte, sich auf die bevorstehenden Aufgaben zu konzentrieren. Ihre Gedanken kehrten jedoch immer wieder zu Jonas zurück. Schließlich beschloss sie, ihm eine Nachricht zu schreiben.

„Hey Jonas, es war schön, dich wiederzusehen. Aber ich glaube, wir müssen ehrlich miteinander sein. Ich habe das Gefühl, dass wir an einem Punkt angekommen sind, an dem wir beide entscheiden müssen, wohin das führt. Ich habe mich verändert, und ich weiß nicht, ob ich die gleiche Person bin, die du früher gekannt hast."

Sie drückte auf „Senden" und starrte für einen Moment auf den Bildschirm. Es fühlte sich seltsam an, so direkt zu sein, aber Clara wusste, dass sie sich nicht länger in der Schwebe halten konnte. Sie hatte zu viel Zeit damit verbracht, auf eine Antwort zu warten, die nie gekommen war – von Jonas, von ihrer Arbeit, von ihrem Leben.

Wenige Minuten später vibrierte das Handy. Jonas hatte geantwortet.

„Clara, ich verstehe, was du meinst. Ich habe auch viel nachgedacht. Vielleicht sollten wir uns noch einmal treffen und darüber reden. Ich will nicht, dass wir uns einfach so aus den Augen verlieren."

Clara seufzte leise. Ein Teil von ihr wollte sich erneut mit Jonas treffen, die Dinge klären, aber ein anderer Teil wusste, dass es vielleicht besser war, wenn sie endgültig weiterging. Sie war nicht sicher, ob Jonas in ihr neues Leben passte, und sie wollte nicht mehr in die Unsicherheiten und Unklarheiten der Vergangenheit zurückfallen.

Am Montag begann Clara ihre neue Arbeit bei der Beratungsfirma. Der erste Tag war aufregend, aber auch nervenaufreibend. Sie lernte ihr Team kennen, das freundlich und kompetent wirkte, und war erleichtert, dass die Atmosphäre in der Firma professionell und zugleich offen war. Die Projekte, an denen sie arbeiten würde, schienen herausfordernd, aber genau das hatte Clara gewollt. Sie wollte etwas, das sie forderte, das ihre Gedanken anregte und ihre Fähigkeiten auf die Probe stellte.

Trotz der vielen neuen Eindrücke schwebte Jonas' Nachricht noch immer in ihrem Hinterkopf. Während sie sich durch die ersten Aufgaben des Tages arbeitete, fragte sie sich, ob sie ihn wirklich noch einmal sehen sollte. Doch sie war fest entschlossen, diesen neuen Abschnitt ihres Lebens nicht durch die Unsicherheiten der Vergangenheit zu belasten.

Am Nachmittag erhielt Clara eine Nachricht von Lena. Sie hatte ihrer Freundin von der neuen Arbeit erzählt, und Lena war begeistert.

„Herzlichen Glückwunsch zum ersten Tag, Clara! Wie läuft es bisher?" schrieb Lena.

Clara antwortete schnell: Es läuft gut, aber es ist viel. Ich denke, es wird eine Weile dauern, bis ich mich an alles gewöhnt habe, aber es fühlt sich richtig an. Das freut mich zu hören, schrieb Lena zurück. Mach dir keinen Druck. Du hast so viel erreicht, und es ist in Ordnung, wenn du dir Zeit nimmst, um dich anzupassen. Wir sollten bald mal wieder einen Kaffee trinken gehen und uns austauschen.

Clara lächelte. Lenas Worte gaben ihr Trost. Sie fühlte sich in dieser neuen Welt noch nicht ganz zu Hause, aber es war beruhigend zu wissen, dass sie jemanden hatte, der an sie glaubte.

Als Clara am Abend nach Hause kam, fühlte sie sich erschöpft, aber auch zufrieden. Es war ein gutes Gefühl, in einem Job zu arbeiten, der ihre Fähigkeiten forderte, der sie auf eine Weise ausfüllte, wie es ihr alter Job nie getan hatte. Sie ließ sich auf die Couch fallen und dachte über den Tag nach. Ihre Gedanken wanderten jedoch schnell zurück zu Jonas. Sie hatte seine Nachricht seit dem Morgen nicht beantwortet.

Sie griff nach ihrem Handy und tippte: Ich denke, es ist besser, wenn wir einen klaren Schnitt machen, Jonas. Ich habe viel, was gerade in meinem Leben passiert, und ich glaube nicht, dass es fair wäre, so weiterzumachen wie früher. Ich hoffe, du verstehst das.

Sie hielt inne, bevor sie auf „Senden" drückte. Es fühlte sich endgültig an, aber vielleicht war das genau das, was sie brauchte – einen klaren Abschluss, um wirklich neu anfangen zu können.

Mit einem tiefen Atemzug drückte sie auf „Senden" und legte das Handy beiseite. Es war vorbei. Sie hatte die Entscheidung getroffen. Jonas würde ein Teil ihrer Vergangenheit bleiben, und sie war bereit, nach vorne zu schauen.

Die nächsten Tage vergingen schnell, während Clara sich in ihrer neuen Arbeit zurechtfand. Sie genoss die Herausforderungen, die sich ihr boten, und spürte, wie sich ihre Kreativität langsam wieder regte. Die Projekte waren anspruchsvoll, aber Clara fühlte sich lebendig, wenn sie sich in die Aufgaben vertiefte. Es war, als hätte sie die Farben, die sie so lange vermisst hatte, wiedergefunden.

In den Pausen dachte sie manchmal an Jonas, aber jedes Mal spürte sie, dass sie die richtige Entscheidung getroffen hatte. Sie hatte sich zu lange von alten Mustern zurückhalten lassen, von Beziehungen, die sie nicht weitergebracht hatten. Jetzt war es an der Zeit, ihre eigenen Entscheidungen zu treffen – für sich selbst, nicht für andere. An einem Freitagnachmittag, kurz vor dem Wochenende, schrieb Lena ihr erneut.

„Hey, wie wäre es mit einem Kaffee morgen? Ich habe das Gefühl, wir müssen einiges aufholen."

Clara lächelte und antwortete sofort: Das klingt perfekt. Ich freue mich darauf. Es war das erste Mal seit langer Zeit, dass Clara sich wirklich auf etwas freute. Sie wusste, dass das Leben voller Unsicherheiten war, aber sie fühlte sich bereit, diesen neuen Weg zu gehen. Und sie war bereit, herauszufinden, wer sie wirklich war – ohne die Schatten der Vergangenheit, die sie festhielten.

NEUNZEHN

Clara saß an ihrem neuen Schreibtisch in der Beratungsfirma, vor sich die Dokumente für das Projekt, an dem sie seit ihrem ersten Arbeitstag arbeitete. Es war jetzt gut zwei Wochen her, seit sie den Job begonnen hatte, und obwohl die Herausforderung genau das war, was sie sich gewünscht hatte, spürte sie doch die Anspannung, die mit dem Neuanfang kam. Sie hatte in ihrem alten Job jahrelang die gleichen Aufgaben erledigt, bis zur Erschöpfung in Routine gefangen. Jetzt war sie in einer Umgebung, die ihr neue Möglichkeiten bot, die sie forderte, aber auch dazu zwang, sich ständig zu beweisen.

Sie ließ die Augen über die Zahlen und Analysen schweifen, die sie zusammengestellt hatte. Es ging um die Entwicklung einer neuen Strategie für einen Kunden, der im letzten Quartal deutliche Umsatzeinbrüche verzeichnet hatte. Clara war dafür verantwortlich, eine kreative Lösung zu finden, um die Verkaufszahlen zu steigern, und während sie wusste, dass sie dazu fähig war, lag doch ein ständiger Druck auf ihr. Die Erwartung, sich nicht nur anzupassen, sondern sich als jemand zu beweisen, der innovativ und schnell im Denken war – genau das, was sie sich immer gewünscht hatte, aber auch das, was sie am meisten verunsicherte. Sie war es nicht gewohnt, dass man Vertraute. Sie fühlte sich irgendwie wie eine Hochstaplerin.

Clara lehnte sich zurück, rieb sich die Schläfen und seufzte. Der Gedanke an Jonas und die endgültige Entscheidung, die sie getroffen hatte, schlich sich erneut in ihren Kopf. Es war das Richtige gewesen, sich von ihm zu lösen. Doch mit dieser Entscheidung war auch die Erkenntnis gekommen, dass sie jetzt auf sich allein gestellt war. Die Verbindung zu Jonas, so flüchtig sie auch gewesen sein mochte, hatte ihr immer das Gefühl gegeben, dass sie nicht allein war. Nun war sie wirklich allein.

An diesem Abend traf sich Clara mit Lena in ihrem Lieblingscafé. Es war ein kleines, gemütliches Lokal mit dunklen Holzmöbeln und gedämpfter Beleuchtung, genau der richtige Ort, um nach einem langen Tag die Gedanken schweifen zu lassen. Als Clara ankam, wartete Lena bereits auf sie, mit einem Buch vor sich und einer dampfenden Tasse Kaffee in der Hand.

„Hey, da bist du ja!" Lena strahlte sie an, als Clara sich setzte. „Wie läuft's in der neuen Firma?"

Clara bestellte sich einen Tee und lehnte sich in ihrem Stuhl zurück. „Es ist gut", sagte sie nachdenklich. „Es ist wirklich gut. Ich habe das Gefühl, dass ich etwas bewirken kann. Aber..."

„Aber was?" fragte Lena, als sie Claras Zögern bemerkte. „Ich weiß nicht", seufzte Clara. „Manchmal fühlt es sich einfach zu viel an. Die Erwartungen sind hoch, und ich will mich nicht selbst enttäuschen. Und ich habe irgendwie das Gefühl, dass ich dem nicht gewachsen bin – als wenn jeden Moment jemand um die Ecke kommt und erkennt, das ich eine Hochstaplerin bin." Lena nickte verständnisvoll und nippte an ihrem Kaffee. „Das ist normal, Clara. Du machst gerade einen großen Schritt, und Veränderungen sind immer schwierig. Aber ich habe keinen Zweifel daran, dass du das schaffen wirst. Du bist eine von den klügsten und kreativsten Menschen, die ich kenne." Clara lächelte schwach. Es tat gut, das von Lena zu hören, aber die Zweifel nagten trotzdem an ihr. „Es ist einfach schwer, sich ständig beweisen zu müssen. Und seit Jonas... na ja, ich denke, es ist die Einsamkeit, die mich manchmal überkommt." Lena legte ihre Hand auf Claras und sah sie ernst an. „Einsamkeit ist nichts, wofür man sich schämen muss. Sie kommt in Wellen, besonders wenn man so viel Veränderung durchmacht wie du gerade. Aber du bist stark genug, um das durchzustehen. Und du hast Menschen um dich, die dir beistehen." Clara nickte und fühlte, wie sich die Anspannung in ihrem Brustkorb leicht löste. Sie wusste, dass Lena recht hatte, aber es war trotzdem schwer, sich nicht von den Ängsten und Unsicherheiten übermannen zu lassen. Sie verbrachte den Rest des Abends damit, mit Lena zu plaudern, über alltägliche Dinge zu lachen und sich wieder mehr auf das Positive in ihrem Leben zu konzentrieren.

In den nächsten Tagen konzentrierte sich Clara wieder intensiv auf ihre Arbeit. Sie hatte eine Strategie für den Kunden entworfen, die sowohl Kreativität als auch analytisches Denken erforderte – zwei Fähigkeiten, die sie tief in sich trug, aber die sie in ihrem alten Job nie wirklich einsetzen konnte. Sie wusste, dass dies der erste wirkliche Test für ihre Position war. Ihre Vorgesetzten erwarteten, dass sie frische Ideen lieferte, die dem Unternehmen helfen konnten, sich von der Konkurrenz abzuheben.

Clara fühlte den Druck, aber sie war auch entschlossen, sich selbst zu beweisen. Die Wochen des Zweifels und der Unsicherheit sollten nicht umsonst gewesen sein. Sie war hier, um zu wachsen, um zu zeigen, dass sie mehr war als die Person, die sie früher gewesen war.

Als sie ihre Präsentation vorbereitete, schlich sich der altbekannte Gedanke ein: *Was, wenn ich nicht gut genug bin?* Doch sie drückte ihn entschlossen beiseite. Sie hatte das Talent, die Fähigkeiten und die Entschlossenheit, es zu schaffen. Zum ersten Mal seit langem fühlte sie eine Mischung aus Nervosität und Aufregung – zwei Gefühle, die sie oft miteinander verwechselt hatte. Doch diesmal wusste sie, dass diese

Nervosität nicht aus Angst kam, sondern aus der Sehnsucht, sich selbst zu übertreffen.

Der Tag der Präsentation kam schneller, als Clara erwartet hatte. Sie stand vor dem Konferenzraum, atmete tief ein und konzentrierte sich. Der Raum war groß, die Wände in neutralen Farben gehalten, und das Licht war hell, fast zu hell für die angespannte Atmosphäre. Sie wusste, dass der Kunde viel von ihr erwartete. Aber sie wusste auch, dass sie vorbereitet war.

Als sie zu sprechen begann, war ihre Stimme fest, obwohl ihr Herz schneller schlug. Sie erklärte ihre Ideen klar und strukturiert, führte durch die Präsentation, als wäre sie in ihrem Element. Während sie sprach, bemerkte sie die interessierten Blicke der Kunden und Kollegen, das bestätigende Nicken ihres Vorgesetzten. Zum ersten Mal seit Monaten spürte Clara, wie ihre Kreativität wieder zum Leben erwachte, wie die Farben, die so lange in ihrem Kopf verblasst waren, langsam zurückkehrten.

Nach der Präsentation herrschte einen Moment lang Stille, bevor der Leiter des Teams sie anlächelte und sagte: „Das ist genau das, was wir brauchen. Sehr gut, Clara." Erleichterung durchflutete ihren Körper, und sie lächelte schwach, dankbar für das Lob. Doch tief in ihr spürte sie, dass das nicht das Ende war. Dies war nur der Anfang. Sie hatte den Mut gehabt, etwas zu ändern, und jetzt erntete sie die Früchte ihrer harten Arbeit. Aber sie wusste, dass es noch viel zu tun gab – sowohl in ihrem neuen Job als auch in ihrem Leben.

An diesem Abend kehrte Clara nach Hause zurück und ließ sich auf das Sofa sinken. Der Tag war intensiv gewesen, aber sie fühlte sich erfüllt. Sie wusste, dass sie auf dem richtigen Weg war. Die Einsamkeit, die sie noch vor wenigen Wochen überwältigt hatte, schien nun weniger bedrohlich. Sie hatte gelernt, mit ihr umzugehen, sie zu akzeptieren, anstatt gegen sie anzukämpfen. Ihr Handy summte, und sie sah, dass Lena ihr geschrieben hatte. Und, wie war es heute? fragte Lena. Clara tippte schnell eine Antwort ein: Es lief gut. Ich habe es geschafft. Aber ich habe das Gefühl, das ist erst der Anfang. Lena antwortete sofort: Das ist es auch. Du bist jetzt in der Position, dein Leben wirklich zu gestalten, wie du es dir immer gewünscht hast. Ich bin stolz auf dich. Clara legte das Handy beiseite und lächelte. Sie fühlte sich stärker als je zuvor, und obwohl es noch Herausforderungen geben würde, wusste sie, dass sie sie bewältigen konnte. Die Zeiten des Zweifels und der Unsicherheit mochten noch nicht vorbei sein, aber Clara war bereit, sich ihnen zu stellen.

Sie war nicht mehr die Frau, die sie früher gewesen war. Und das war gut so.

ZWANZIG

Es war kurz vor Mitternacht, als Clara noch immer vor ihrem Laptop saß, das sanfte Leuchten des Bildschirms das einzige Licht im Raum. Die Straße vor ihrer Wohnung war ruhig, das Summen der Stadt war abgeklungen. Es war eines dieser seltenen Momente, in denen Clara allein mit ihren Gedanken war – und diesmal nicht von Zweifeln überwältigt wurde.

Die letzten Wochen hatten sich angefühlt wie ein Wirbelsturm. Der neue Job, die vielen Herausforderungen, das ständige Bedürfnis, sich zu beweisen, hatten sie einerseits gefordert, aber auch gestärkt. Doch nun, da die Aufregung des Neuanfangs langsam nachließ, spürte sie, wie eine innere Ruhe in ihr aufstieg – eine Ruhe, die sie lange nicht mehr gefühlt hatte. Clara schloss den Laptop und legte ihn beiseite. Sie lehnte sich in ihrem Stuhl zurück und ließ die Stille auf sich wirken. Sie war zufrieden mit dem, was sie erreicht hatte. Ihre Präsentation in der letzten Woche war ein Erfolg gewesen, und sie hatte das Vertrauen ihrer Vorgesetzten gewonnen. Zum ersten Mal seit langer Zeit hatte sie das Gefühl, wirklich auf dem richtigen Weg zu sein.

Doch trotz des Erfolgs gab es auch andere Gedanken, die sie beschäftigten. Mit jedem Tag, der verging, stellte sie fest, dass sie sich nicht nur beruflich, sondern auch persönlich veränderte. Die Einsamkeit, die sie nach ihrer Trennung so sehr gespürt hatte, war noch da – aber sie war anders geworden. Sie fühlte sich nicht mehr wie eine Leere, sondern eher wie ein Raum, den sie selbst füllen konnte.

Am nächsten Morgen erwachte Clara früh, das Sonnenlicht drang durch die halb geschlossenen Vorhänge. Es war einer dieser ersten Herbsttage, an denen die Sonne warm schien, obwohl die Luft kühl war. Sie stand auf, machte sich einen Kaffee und setzte sich an den Küchentisch. Sie hatte beschlossen, den Tag ruhig zu beginnen. Es war ein Samstag, und sie hatte nichts Dringendes zu tun – keine Arbeit, keine Verpflichtungen. Nur Zeit für sich.

Als sie ihre Tasse hob, fiel ihr Blick auf ihr Handy. Eine Nachricht von Lena war eingegangen. *Lust, heute Nachmittag spazieren zu gehen? Wir haben schon ewig nicht mehr zusammen einen Kaffee getrunken.* Clara lächelte und schrieb eine kurze Antwort zurück: *Klingt gut. Ich freue mich darauf!*

Die Verabredung mit Lena gab ihr das Gefühl von Stabilität, etwas, das in den letzten Wochen oft gefehlt hatte. Lena war nicht nur eine gute Freundin geworden, sondern auch eine wichtige Stütze in ihrem Leben. Sie war immer da, um zuzuhören, aber auch, um Clara zu erinnern, dass es in Ordnung war, Schwäche zu zeigen und sich Zeit für sich selbst zu nehmen.

Am frühen Nachmittag trafen sich die beiden in einem kleinen Café, das etwas versteckt in einer Seitenstraße lag. Die Sonne schien durch die großen Fenster, und das warme Licht verlieh dem Raum eine entspannte Atmosphäre. Clara nahm einen Schluck von ihrem Kaffee, während Lena ihr gegenübersaß und von ihren neuesten Studienprojekten erzählte.

„Und wie läuft's bei dir?" fragte Lena schließlich und sah Clara neugierig an. „Ich habe das Gefühl, wir haben in den letzten Tagen kaum wirklich geredet." Clara atmete tief ein und lächelte. „Es läuft gut, wirklich. Der neue Job fordert mich, aber auf eine gute Weise. Es fühlt sich an, als wäre ich endlich angekommen." Sie zögerte kurz. „Aber da ist auch diese... Leere. Ich weiß nicht, wie ich es beschreiben soll. Es ist, als wäre ich nicht mehr dieselbe wie früher, aber ich weiß auch nicht genau, wer ich jetzt bin." Lena lehnte sich zurück und betrachtete Clara einen Moment lang nachdenklich. „Das ist normal, weißt du? Du durchläufst gerade eine große Veränderung. Es dauert, bis du herausfindest, wer du wirklich bist, besonders nachdem du dich so lange verloren gefühlt hast. Aber was wichtig ist: Du hast angefangen, das herauszufinden." Clara nickte, auch wenn die Worte in ihrem Kopf noch nachhallten. Sie wusste, dass Lena recht hatte. Veränderungen waren selten einfach, und sie wusste, dass sie auf dem richtigen Weg war – aber die Unsicherheit war immer noch da, wie ein Schatten, der sich nicht ganz vertreiben ließ.

Später am Nachmittag, nach ihrem Treffen mit Lena, beschloss Clara, einen langen Spaziergang zu machen. Die Sonne hing tief am Himmel, und die Bäume entlang des Weges hatten ihre Blätter in warmen Herbstfarben verfärbt. Clara ging ziellos, ließ die Gedanken frei fließen, während ihre Füße sie weitertrugen. Sie hatte das Gefühl, dass sie diesen Moment der Einsamkeit brauchte – nicht, weil sie sich isoliert fühlte, sondern weil sie endlich gelernt hatte, mit dieser Einsamkeit umzugehen.

Früher hätte sie Jonas in einem solchen Moment eine Nachricht geschrieben. Sie hätte versucht, in der Verbindung zu ihm Trost zu finden. Doch jetzt war das anders. Jonas gehörte zu ihrer Vergangenheit, und auch wenn sie ihn manchmal noch vermisste, wusste sie, dass sie weitergehen musste.

Die Bäume warfen lange Schatten, als Clara über den schmalen Pfad lief, der sich durch den Park schlängelte. Sie dachte an das, was Lena gesagt hatte – über das Finden ihrer neuen Identität. Clara hatte lange Zeit versucht, sich in eine

Rolle zu fügen, die andere von ihr erwarteten: die gute Ehefrau, die fleißige Mitarbeiterin, die verlässliche Freundin. Aber jetzt war sie frei, diese Erwartungen hinter sich zu lassen und herauszufinden, wer sie wirklich war – abseits von den Vorstellungen, die andere von ihr hatten.

Am Abend, zurück in ihrer Wohnung, setzte Clara sich an ihren Schreibtisch. Sie hatte eine leere Seite vor sich, den Laptop aufgeklappt, aber diesmal war es keine berufliche Aufgabe, die sie beschäftigte. Sie wollte schreiben. Einfach für sich, um die Gedanken zu ordnen, die sich in den letzten Wochen aufgestaut hatten.

Was bedeutet es, allein zu sein? tippte sie in die leere Textdatei. Sie starrte auf die Worte, als ob sie ihr eine Antwort auf die Fragen geben könnten, die sie so lange mit sich herumtrug.

Früher hatte sie Angst vor der Einsamkeit gehabt. Doch jetzt, nach allem, was sie durchgemacht hatte, verstand sie, dass das Alleinsein nicht zwangsläufig negativ war. Es bedeutete, dass sie Raum hatte, um zu wachsen, um sich selbst besser kennenzulernen. Sie hatte so viel Zeit damit verbracht, sich an andere anzupassen, dass sie fast vergessen hatte, wer sie selbst war.

Clara schrieb weiter, ließ ihre Gedanken ungefiltert fließen. Sie schrieb über die Angst, sich selbst zu verlieren, und über den Mut, sich selbst wiederzufinden. Über die Unsicherheit, aber auch über die Kraft, die sie in den letzten Wochen entdeckt hatte. Und während sie schrieb, spürte sie, wie sich ein Gefühl der Erleichterung in ihr ausbreitete.

Später in dieser Nacht, als Clara ins Bett ging, fühlte sie sich anders als zuvor. Sie wusste, dass noch ein weiter Weg vor ihr lag, aber sie war bereit, diesen Weg zu gehen. Die Schatten der Vergangenheit waren noch da, doch sie wurden schwächer, während die Farben ihres neuen Lebens langsam an Intensität gewannen.

In der Dunkelheit ihres Schlafzimmers schloss Clara die Augen und ließ den Tag Revue passieren. Zum ersten Mal seit langer Zeit fühlte sie sich, als wäre sie auf dem Weg, sich selbst zu finden. Und das war mehr, als sie sich jemals erhofft hatte.

EINUNDZWANZIG

Clara saß auf dem Sofa und starrte auf ihr Handy. Jonas hatte sich erneut bei ihr gemeldet. Es war eine kurze Nachricht gewesen, unscheinbar und doch voller Bedeutung. Sie las sie erneut, obwohl sie den Text längst auswendig kannte.

Hey Clara, ich wollte nur mal hören, wie es dir geht. Vielleicht können wir uns bald wieder treffen? Ich habe viel nachgedacht und würde gerne mit dir reden.

Es war typisch Jonas. Er tauchte immer dann auf, wenn sie gerade anfing, klarer zu sehen, wenn sie bereit war, weiterzugehen. Clara spürte das vertraute Ziehen in ihrer Brust – eine Mischung aus Nostalgie, Sehnsucht und Verwirrung. Aber diesmal war etwas anders. Sie war nicht mehr dieselbe Clara, die sich von ihm aus der Bahn werfen ließ.

Mit einem Seufzen legte sie das Handy zur Seite und lehnte sich zurück. Der Regen trommelte sanft gegen die Fensterscheiben, während draußen die Dämmerung hereinbrach. Sie wusste, dass sie die Entscheidung treffen musste, ob sie Jonas erneut in ihr Leben lassen sollte. Aber heute würde sie sich dieser Frage nicht stellen. Heute hatte sie andere Dinge im Kopf. Morgen wollte sie ihre Eltern und ihren Bruder besuchen – ein Treffen, das sie schon viel zu lange vor sich hergeschoben hatte. Ihre Familie lebte in einem kleinen Dorf, etwa zwei Stunden von der Stadt entfernt. Obwohl Clara ihre Eltern liebte, war die Beziehung zu ihnen in den letzten Jahren komplizierter geworden. Sie hatten hohe Erwartungen an sie gehabt, und obwohl sie immer die beste Schülerin und später eine erfolgreiche Arbeitnehmerin gewesen war, hatte sie das Gefühl, dass sie nie wirklich ihren eigenen Weg gehen konnte.

Am nächsten Morgen machte Clara sich auf den Weg zu ihren Eltern. Die Straße schlängelte sich durch endlose Felder und sanfte Hügel, und obwohl der Himmel von dicken, grauen Wolken verhangen war, genoss sie die Ruhe der Landschaft. Es war eine willkommene Abwechslung zu dem hektischen Stadtleben, das sie sonst führte. Doch mit jedem Kilometer, den sie näherkam, spürte sie auch das wachsende Unbehagen, das sich in ihrer Brust ausbreitete. Der Besuch bei ihrer Familie brachte immer eine Mischung aus Freude und Unsicherheit mit sich.

Als sie schließlich in der Einfahrt des alten Hauses ihrer Eltern parkte, atmete sie tief ein. Das Haus sah genauso aus wie immer – die Fassade in einem dezenten Beige, der gepflegte Vorgarten und das vertraute Geräusch der Gartenschere, die ihr Vater regelmäßig benutzte, um die Büsche zu stutzen. Es war das Zuhause ihrer Kindheit, ein Ort voller Erinnerungen, aber auch ein Ort, der sie manchmal erdrückte.

Clara stieg aus dem Auto und lief zur Haustür, bevor sie klopfte. Ihre Mutter öffnete die Tür und lächelte ihr entgegen.

„Clara! Schön, dass du es endlich geschafft hast." Ihre Mutter zog sie in eine feste Umarmung, bevor sie sie ins Haus bat. „Komm rein, dein Vater ist im Garten, und dein Bruder wird später auch noch vorbeikommen."

Clara trat ein und ließ sich von der Vertrautheit des Hauses einhüllen. Der Duft von frischem Kaffee und das leise Summen des Radios erfüllten den Raum. Doch trotz der Wärme, die das Haus ausstrahlte, spürte Clara die leise Anspannung, die immer zwischen ihr und ihren Eltern lag. Es war die unausgesprochene Frage, die über allem hing: *Bist du glücklich, Clara?*

Nach dem Mittagessen, bei dem die Gespräche sich um alltägliche Themen wie den Garten und das Wetter drehten, setzte sich Clara mit ihrer Mutter in die Küche. Ihre Mutter stellte zwei Tassen Tee auf den Tisch und setzte sich ihr gegenüber.

„Und wie läuft es in der Arbeit?" fragte sie, wobei ihre Stimme neutral klang, aber Clara wusste, dass die Frage tiefer ging. „Es läuft gut", antwortete Clara. „Ich habe einen neuen Job angefangen. Es ist eine Herausforderung, aber ich denke, es war die richtige Entscheidung." Ihre Mutter musterte sie einen Moment lang, bevor sie nickte. „Das freut mich zu hören. Du hast schon immer hart gearbeitet. Ich wusste, dass du es weit bringen würdest."

Clara spürte den Druck hinter den Worten. Es war immer dasselbe: Stolz gemischt mit Erwartungen, die sie manchmal erdrückten. Ihre Eltern hatten immer gewollt, dass sie erfolgreich war, aber Clara hatte das Gefühl, dass sie nie wirklich verstanden, was sie sich selbst vom Leben wünschte.

„Aber geht es dir gut?", fragte ihre Mutter schließlich, ihre Stimme jetzt weicher. „Ich mache mir manchmal Sorgen um dich, Clara. Du arbeitest so viel, aber es klingt, als wärst du oft... allein."

Clara blickte aus dem Fenster und sah, wie die Wolken sich am Horizont verdichteten. Sie wusste, dass ihre Mutter recht hatte, aber sie wusste auch, dass es keine einfache Antwort gab. „Ich bin nicht allein", sagte sie schließlich leise. „Ich versuche nur, mich wiederzufinden."

Ihre Mutter griff nach ihrer Hand. „Ich verstehe das, Clara. Aber denk daran, dass du nicht alles alleine machen musst. Dein Vater und ich, wir sind immer für dich da. Und dein Bruder auch."

Clara nickte, dankbar für die Worte, auch wenn sie wusste, dass ihre Mutter nicht wirklich verstand, wie es in ihr aussah. Später am Nachmittag traf ihr Bruder ein. Lukas, zwei Jahre jünger als Clara, war immer der ruhige, ausgeglichene Teil der Familie gewesen. Während Clara oft gegen die Erwartungen ihrer Eltern rebelliert hatte, war Lukas derjenige gewesen, der sich nahtlos einfügte. Sie hatten eine gute Beziehung, aber es war oft schwierig für Clara gewesen, sich nicht mit ihm zu vergleichen. Lukas hatte eine Familie gegründet, ein Haus gebaut und schien sein Leben in geordneten Bahnen zu führen – das Gegenteil von Claras chaotischem und manchmal orientierungslosem Dasein. „Hey, Clara", begrüßte Lukas sie mit einem breiten Lächeln, als er ins Wohnzimmer trat. „Schön, dich zu sehen. Wie läuft's?" „Ganz gut", sagte Clara und umarmte ihn kurz. „Und bei dir?" „Ach, alles beim Alten. Die Kinder halten uns auf Trab, aber sonst nichts Neues", sagte Lukas, während er sich auf das Sofa setzte. „Und du? Ich habe gehört, du hast einen neuen Job?" Clara erzählte ihm kurz von ihrer neuen Arbeit, und Lukas hörte aufmerksam zu, ohne sie zu unterbrechen. Doch während sie sprach, spürte Clara, wie die alte Unsicherheit in ihr aufstieg. Sie wusste, dass Lukas stolz auf sie war, aber gleichzeitig fragte sie sich, ob er nicht insgeheim dachte, dass sie endlich „ankommen" sollte – so wie er. „Klingt, als würdest du endlich deinen Platz gefunden haben", sagte Lukas schließlich. „Ich freue mich für dich." Clara lächelte schwach und nickte, doch innerlich blieb die Unruhe. Sie wusste, dass Lukas es gut meinte, aber seine Worte verstärkten das Gefühl, dass sie ständig auf der Suche war, ohne wirklich anzukommen.

Als Clara später an diesem Abend die Heimfahrt antrat, war sie erschöpft – nicht körperlich, sondern emotional. Der Besuch bei ihrer Familie hatte alte Wunden aufgerissen, die sie oft ignoriert hatte. Die Erwartungen ihrer Eltern, die unausgesprochenen Vergleiche mit ihrem Bruder – all das nagte an ihr, auch wenn sie wusste, dass es nie böswillig gemeint war.

Sie fuhr durch die Dunkelheit, die Straßen waren leer, und der Regen hatte inzwischen aufgehört. Jonas' Nachricht geisterte wieder in ihrem Kopf herum. Er wollte reden, aber Clara war sich nicht sicher, ob sie das wollte. Sie hatte genug damit zu tun, sich mit ihrer eigenen Familie auseinanderzusetzen, und war nicht bereit, alte Beziehungsprobleme erneut zu durchleben.

Doch während sie durch die Nacht fuhr, wusste Clara, dass sie sich irgendwann entscheiden musste. Jonas würde nicht einfach verschwinden, und auch ihre inneren Konflikte würden nicht von allein gelöst werden. Aber vielleicht, dachte sie, war es Zeit, sich mit all dem auseinanderzusetzen – mit Jonas, mit ihrer Familie und vor allem mit sich selbst.

ZWEIUNDZWANZIG

Es war ein kühler Morgen, und Clara stand mit Lena vor dem unscheinbaren Gebäude, indem das Treffen des Hochbegabtenvereins stattfinden sollte. Der Wind wehte durch die leeren Straßen, und die dichten Wolken am Himmel ließen den Tag düsterer erscheinen, als er war. Clara schob die Hände in ihre Manteltaschen und beobachtete, wie Lena die Tür des aufdrückte. Ihr Herz schlug schneller, als sie die Menschen im Eingangsbereich sah. Sie wusste nicht, warum, aber es fühlte sich an, als wäre dies ein entscheidender Moment in ihrem Leben.

„Bereit?" fragte Lena mit einem sanften Lächeln und legte ihre Hand beruhigend auf Claras Arm. Clara nickte, aber sie konnte das Unbehagen nicht ganz verbergen. „Ja, ich denke schon", sagte sie, auch wenn ihr Gesicht etwas anderes sagte. „Keine Sorge", sagte Lena und zog sie sanft mit sich in das. Gebäude. „Es wird dir guttun. Du bist nicht die Einzige, die sich hier manchmal fehl am Platz fühlt."

Clara folgte ihr hinein und spürte sofort die seltsame Mischung aus Aufregung und Unsicherheit, die sie in den letzten Tagen begleitet hatte. Seit ihrer Entscheidung, sich Jonas zu entziehen und mehr Klarheit in ihr Leben zu bringen, hatte sie gespürt, dass sie sich nicht nur beruflich, sondern auch persönlich neu sortieren musste. Doch die Vorstellung, sich aktiv Hilfe zu suchen, brachte sie immer wieder ins Wanken.

Was, wenn sie zu viel erwartete? Was, wenn sie sich selbst überforderte?

Der Raum war schlicht eingerichtet, mit einem langen Holztisch in der Mitte und ein paar Stühlen darum verteilt. An der Wand hingen Plakate, die über Hochbegabung informierten, aber Clara nahm sie kaum wahr. Stattdessen konzentrierte sie sich auf die Menschen, die sich im Raum verteilt hatten. Es waren etwa zehn Personen, die meisten von ihnen schienen in intensiven Gesprächen vertieft. Clara fühlte sich plötzlich fehl am Platz. Sie wusste nicht, ob sie hierhergehörte. Sicher, der Test hatte ihr eine Hochbegabung bescheinigt, aber Clara kämpfte noch immer mit der Erkenntnis, dass ihr ganzes Leben vielleicht anders verlaufen wäre, wenn sie das früher gewusst hätte.

„Lass uns erst mal hinsetzen", sagte Lena, die Claras Nervosität bemerkte. Sie führte sie zu zwei freien Stühlen in einer Ecke des Raumes, und Clara ließ sich mit einem tiefen Atemzug auf den Stuhl sinken. „Du musst nichts sagen, wenn du nicht willst. Hör einfach zu."

Clara nickte und ließ ihren Blick durch den Raum schweifen. Die Menschen hier wirkten freundlich, aber es schien, als wären sie so viel weiter als sie. Sie sprachen über ihre beruflichen Erfolge, über kreative Projekte und wissenschaftliche Herausforderungen, die sie angingen. Clara fühlte sich, als ob sie nie wirklich dazugehört hatte – nicht in der Schule, nicht im Job und auch jetzt nicht. Warum war es so schwer für sie, sich in diesen Räumen wirklich zuhause zu fühlen?

Die Gespräche um sie herum verschwammen, während Clara in Gedanken versank. Sie dachte an Jonas, an die Nachricht, die er ihr geschickt hatte, und an ihre Familie. Alles fühlte sich so unvollständig an. Ihre Eltern hatten ihr immer das Gefühl gegeben, dass sie Erfolg haben sollte, aber die Unterstützung, die sie wirklich gebraucht hatte, war nie da gewesen. Und jetzt, da sie endlich mehr über sich selbst wusste, spürte sie den inneren Druck, sich zu beweisen – doch wem eigentlich? Sich selbst? Ihrer Familie? Der Welt?

Ein Mann, vielleicht Mitte vierzig, begann zu sprechen. Er stellte sich als Erik vor und erklärte, dass er seit fünf Jahren Mitglied des Vereins war. Er sprach offen darüber, wie schwer es für ihn gewesen war, seine Hochbegabung im Erwachsenenalter zu entdecken und wie viel Zeit er damit verbracht hatte, seine Identität zu hinterfragen.

„Es war, als hätte ich plötzlich eine neue Brille auf", sagte Erik, während er in die Runde blickte. „Ich verstand plötzlich, warum ich immer anders gedacht habe. Aber die Frage, die ich mir stellen musste, war: Wie lebe ich jetzt damit? Ich musste lernen, diese Gabe zu akzeptieren und sie sinnvoll einzusetzen. Es war schwer, aber dieser Verein hat mir geholfen."

Clara hörte aufmerksam zu, und zum ersten Mal fühlte sie sich ein wenig verstanden. Sie erkannte sich in Eriks Worten wieder. Auch sie hatte sich oft gefragt, warum sie Dinge schneller verstand als andere, warum sie oft von ihren eigenen Gedanken überwältigt wurde und das Gefühl hatte, nie wirklich dazuzugehören. Doch gleichzeitig spürte sie den inneren Widerstand. Die Vorstellung, sich Hilfe zu suchen, fühlte sich für sie wie ein Eingeständnis von Schwäche an – ein Gedanke, den sie nur schwer loslassen konnte.

Als Erik geendet hatte, meldete sich eine junge Frau zu Wort. Sie sprach darüber, wie sie nach ihrer Hochbegabungsdiagnose eine Phase der Leere durchlebt hatte, weil sie nicht wusste, was sie mit diesem Wissen anfangen sollte. „Es hat mich überwältigt", gab sie zu. „Ich wusste nicht, ob ich mich freuen sollte oder ob es mich traurig machte, all die Jahre, in denen ich mich falsch gefühlt habe, zu verstehen."

Clara konnte die Worte kaum ertragen, weil sie so nahe an ihren eigenen Empfindungen lagen. Auch sie hatte sich nach dem Test verloren gefühlt, als ob sie zu spät erkannt hätte, wer sie wirklich war. Doch gleichzeitig gab es eine leise Stimme in ihr, die sagte, dass es nie zu spät war, etwas zu verändern.

Lena sah Clara an, und es schien, als wüsste sie genau, was in ihrer Freundin vorging. „Was denkst du?" fragte sie leise. Clara zögerte, ehe sie antwortete. „Es ist schwer", gestand sie schließlich. „Ich weiß, dass ich hier Hilfe finden könnte, aber ein Teil von mir will das nicht. Es fühlt sich an, als würde ich zugeben, dass ich es nicht allein schaffe." Lena legte ihre Hand auf Claras Arm. „Es ist keine Schwäche, sich Hilfe zu suchen. Jeder braucht irgendwann Unterstützung. Und du hast so viel allein durchgestanden, Clara. Es ist in Ordnung, dir jetzt zu erlauben, dass jemand anderes dir hilft."

Clara senkte den Blick. Sie wusste, dass Lena recht hatte, aber der Gedanke daran, Hilfe anzunehmen, fühlte sich immer noch ungewohnt an. Sie war immer diejenige gewesen, die stark war, die alles selbst in die Hand nahm. Doch jetzt, mit all den Veränderungen in ihrem Leben, spürte sie, dass sie es nicht mehr allein schaffen konnte.

Nach dem Treffen gingen Clara und Lena gemeinsam durch die Stadt, die bereits in das sanfte Licht der Abenddämmerung getaucht war. Die Straßen waren ruhig, und das Geräusch ihrer Schritte hallte in der Stille wider.

„Wie fühlst du dich jetzt?" fragte Lena, als sie nebeneinander hergingen. Clara atmete tief ein und ließ den kühlen Abendwind durch ihr Haar wehen. „Ehrlich gesagt, weiß ich es nicht genau", antwortete sie. „Es war gut, die Geschichten der anderen zu hören, aber gleichzeitig fühle ich mich immer noch... verloren. Es ist, als hätte ich die Antworten auf meine Fragen, aber ich weiß nicht, was ich mit diesen Antworten anfangen soll." Lena nickte verständnisvoll. „Das ist normal. Du hast gerade so viel durchgemacht, und das ist nicht einfach. Aber du machst das großartig. Du hast den Mut gehabt, dich all dem zu stellen. Und das ist ein riesiger Schritt." Clara lächelte schwach. „Danke. Aber ich habe das Gefühl, dass ich noch einen langen Weg vor mir habe." „Das hast du vielleicht", erwiderte Lena. „Aber du musst ihn nicht allein gehen."

Clara dachte an die Worte, die sie im Treffen gehört hatte. Vielleicht war es Zeit, wirklich zu akzeptieren, dass sie Hilfe annehmen konnte. Nicht, weil sie schwach war, sondern weil sie stark genug war, zu erkennen, dass sie nicht alles alleine schaffen musste.

DREIUNDZWANZIG

„Du siehst aus, als bräuchtest du einen Drink", sagte Lena lachend und reichte Clara ein Glas Wein. Es war später Abend, und die beiden saßen an der Bar, die langsam voller wurde. Es war nicht das sterile Umfeld eines Selbsthilfetreffens, sondern eine lebendige, gemütliche Bar mit gedämpftem Licht und dem Summen leiser Gespräche um sie herum.

Clara nahm das Glas und nippte daran, während sie die Atmosphäre auf sich wirken ließ. Es fühlte sich anders an als die bisherigen Treffen mit den Hochbegabten. Diese Bar, mit ihrer lockeren und entspannten Atmosphäre, gab ihr das Gefühl, dass sie offener und freier über alles reden konnte, was sie beschäftigte. Nicht nur über ihre Hochbegabung, sondern über die Dinge, die ihr Leben ausmachten – ihre Zweifel, ihre Hoffnungen und all die Fragen, die sie sich selbst noch nicht beantworten konnte.

„Weißt du", sagte Lena, als sie sich auf dem Barhocker etwas nach vorne beugte, „ich finde, diese Treffen im Hochbegabtenverein sind manchmal ein bisschen... steril." Sie zuckte mit den Schultern. „Klar, es ist wichtig, sich mit Gleichgesinnten auszutauschen, aber manchmal brauche ich einfach tiefgründige Gespräche in einem lockeren Rahmen. Weißt du, was ich meine?"

Clara nickte, obwohl sie überrascht war, dass Lena das genauso empfand. „Ja, ich verstehe das. Die Treffen sind manchmal so... analytisch. Als ob man ständig die eigene Hochbegabung im Zentrum hat und nichts anderes." „Genau!" Lena nahm einen Schluck von ihrem Drink und grinste. „Warum reden wir nicht einfach mal über alles, was uns bewegt? Ohne das Etikett ‚hochbegabt'. Einfach Menschen, die sich über das Leben unterhalten. Deep, ohne Scheu, ohne Filter." Clara lachte. „Du hast recht. Es gibt so viele Themen, die mich beschäftigen, und die Hochbegabung ist nur ein Teil davon." Lena nickte eifrig. „Also, wie wäre es, wenn wir das ändern? Statt in diesen sterilen Konferenzräumen zu sitzen und uns gegenseitig über IQ-Tests zu erzählen, könnten wir uns einfach hier in der Bar treffen. Ein paar Leute einladen, locker bleiben, und über die wirklich wichtigen Dinge reden. Keine Agenda, keine starren Themenvorgaben. Einfach alles, was uns gerade durch den Kopf geht."

Clara spürte, wie sich die Anspannung in ihr löste. Der Gedanke, sich mit anderen auf diese Weise auszutauschen, gefiel ihr. Es gab ihr die Möglichkeit, offen über alles zu sprechen, ohne das Gefühl zu haben, ständig analysiert zu werden oder sich auf ein bestimmtes Thema konzentrieren zu müssen. „Das klingt gut", sagte Clara und lehnte sich in ihrem Stuhl zurück. „Ich bin dabei."

Am nächsten Tag dachte Clara lange über Lenas Vorschlag nach. Sie mochte die Idee, den Austausch in einem ungezwungenen Umfeld zu führen, und merkte, dass sie sich auf die Treffen freute. Aber etwas nagte noch immer an ihr. Ihre Gefühle, die nach dem Besuch bei ihrer Familie wieder hochgekommen waren, ließen sie nicht los. Jonas' Nachricht hatte sie ebenfalls noch nicht verarbeitet, und obwohl sie entschlossen war, ihn auf Abstand zu halten, spürte sie, dass sie sich endlich mit all diesen unausgesprochenen Themen auseinandersetzen musste.

Als sie in ihrer Wohnung saß, den Laptop vor sich, beschloss sie, sich professionelle Hilfe zu suchen. Sie hatte viel zu lange versucht, alles allein zu bewältigen, und jetzt wusste sie, dass sie Unterstützung brauchte – jemanden, der ihr half, ihre Gedanken zu ordnen und die emotionalen Knoten zu lösen, die sich in den letzten Jahren gebildet hatten.

Clara öffnete den Browser und begann, nach Therapeutinnen in ihrer Nähe zu suchen. Es fühlte sich merkwürdig an, diesen Schritt zu gehen, aber gleichzeitig spürte sie eine Erleichterung. Sie hatte zu lange geglaubt, dass sie alles selbst schaffen musste, doch jetzt verstand sie, dass es keine Schwäche war, Hilfe zu suchen. Es war ein Zeichen von Stärke.

Nach einer Weile fand sie eine Praxis, die ihr zusagte. Die Therapeutin, Dr. Miriam Heller, hatte auf ihrer Website beschrieben, dass sie sich auf Themen wie Selbstfindung, berufliche Neuorientierung und die Verarbeitung von Familienkonflikten spezialisiert hatte – genau die Bereiche, mit denen Clara zu kämpfen hatte.

Clara zögerte einen Moment, bevor sie die Nummer der Praxis wählte. Ihr Herz schlug schneller, während sie auf das Freizeichen wartete, und als eine freundliche Stimme am anderen Ende antwortete, erklärte sie kurz, dass sie gerne einen Termin vereinbaren wollte.

„Wir haben nächste Woche einen freien Termin", sagte die Stimme am Telefon. „Passt Ihnen das?" Clara atmete tief durch. „Ja, das passt. Vielen Dank."

Als sie aufgelegt hatte, fühlte sich Clara seltsam erleichtert. Es war, als hätte sie einen Knoten in sich gelöst, der schon lange da gewesen war. Sie wusste, dass die Arbeit mit einer Therapeutin keine sofortige Lösung bieten würde, aber es war ein Schritt in die richtige Richtung.

Am Abend traf sie sich wieder mit Lena, um die Details für das erste informelle Treffen zu besprechen, das sie in der Bar organisieren wollten. Clara erzählte ihr von der Entscheidung, sich professionelle Hilfe zu suchen, und Lena nickte zustimmend. „Das ist großartig, Clara", sagte Lena. „Ich glaube, das wird dir helfen, all die Themen zu ordnen, die dich so lange beschäftigt haben. Und das Beste ist, dass du das nicht allein machen musst." Clara lächelte. „Ja, das hoffe ich. Es fühlt sich jedenfalls gut an, diesen Schritt gemacht zu haben." „Und die Treffen in der Bar?", fragte Lena und hob eine Augenbraue. „Bist du bereit, die tiefen Gespräche in einer lockeren Umgebung zu führen?" Clara lachte. „Ja, das bin ich. Ich glaube, das wird eine großartige Abwechslung. Und ehrlich gesagt freue ich mich darauf, über alles zu reden, was uns gerade bewegt, ohne ständig das Gefühl zu haben, dass wir nur über unsere Hochbegabung sprechen müssen." Lena hob ihr Glas. „Auf neue Wege." Clara stieß mit ihr an und fühlte, wie die Schwere der letzten Wochen sich allmählich in etwas Positives verwandelte. Sie war dabei, einen neuen Weg zu gehen – einen Weg, der nicht immer leicht sein würde, aber auf dem sie sich nicht mehr allein fühlte.

Die folgenden Tage vergingen schnell, und Clara spürte, wie sich eine neue Dynamik in ihrem Leben entwickelte. Sie arbeitete weiter intensiv in ihrem neuen Job, aber die Anspannung, die sie noch vor kurzem so sehr belastet hatte, schien langsam nachzulassen. Die Aussicht, sich bald mit einer Therapeutin über ihre tiefsten Unsicherheiten und Ängste auszutauschen, gab ihr das Gefühl, dass sie die Kontrolle über ihr Leben zurückgewinnen konnte.

Als das erste Bar-Treffen näher rückte, spürte Clara eine leichte Aufregung in sich. Sie hatte Lena geholfen, ein paar Freunde und Bekannte einzuladen, die ebenfalls an offenen, tiefgründigen Gesprächen interessiert waren. Es fühlte sich wie ein Neuanfang an – nicht nur, weil sie neue Menschen kennenlernen würde, sondern weil sie endlich die Barrieren, die sie so lange um sich aufgebaut hatte, langsam niederreißen konnte.

Als Clara die Bar betrat, sah sie Lena bereits an einem Tisch sitzen, umgeben von ein paar bekannten Gesichtern aus dem Hochbegabtenverein und einigen neuen Leuten. Kaum hatte sie sich gesetzt, war das Gespräch bereits in vollem Gange – ohne lästigen Smalltalk, direkt mitten im Kern. Manfred, Dr. der Biologie erklärte gerade eine komplexe mathematische Gleichung, während auf der anderen Seite ein Psychologe die wildesten Theorien über das menschliche Unterbewusstsein diskutierte. Die Gesprächsthemen hätten unterschiedlicher und sprunghafter nicht sein können, doch genau das machte die Atmosphäre aus. Von tiefen biologischen Erklärungen bis hin zu philosophischen Überlegungen darüber, was Zeit wirklich ist – es ging um alles und doch um nichts Bestimmtes. Clara fühlte sich sofort wohl. Es war ein Raum voller freier Gedanken, in dem es keine Regeln gab, was gesagt werden durfte. Hier zählte nur das, was die Menschen wirklich bewegte, und sie spürte, dass sie hier hingehörte.

VIERUNDZWANZIG

Clara konnte sich nicht erinnern, wann sie das letzte Mal ein Gespräch geführt hatte, das so sprunghaft und gleichzeitig so tiefgründig gewesen war. Die Themen wechselten in einem atemberaubenden Tempo: Von mathematischen Gleichungen und den faszinierenden Details der Zellbiologie hin zu wilden Spekulationen über das Bewusstsein und die Psyche des Menschen. Jeder am Tisch brachte eine neue Perspektive ein, und Clara fühlte sich nicht nur herausgefordert, sondern auch inspiriert. Es war, als ob die Bar zu einem intellektuellen Spielplatz geworden war, an dem die Gedanken frei fließen konnten.

„Also, wenn du die Schrödinger-Gleichung mit der Realität der Quantenverschränkung verbindest, ergibt das doch eine völlig neue Sichtweise auf das Universum, oder?" fragte Manfred mit einem breiten Grinsen, während er ein weiteres Glas Wein bestellte. „Genau!", Christoph aufgeregt, der bis eben über die Bedeutung des menschlichen Unterbewusstseins in der Traumanalyse gesprochen hatte. „Das ist es! Unser Bewusstsein ist nur eine von unzähligen Realitäten – wir erleben es nur als linear, weil unser Gehirn uns das vorgaukelt." Clara hörte zu, versank in den Diskussionen und konnte nicht anders, als zu lächeln. Es war, als ob jeder Gedanke, den sie je über das Leben, die Welt und ihre eigene

Existenz gehabt hatte, plötzlich von allen Seiten beleuchtet wurde. Sie genoss es, sich so frei fühlen zu können, ohne den Druck, ein Thema gezielt verfolgen zu müssen. Diese Gespräche hatten keine Richtung, und doch waren sie bedeutungsvoll.

„Was denkst du, Clara?" fragte Lena und beugte sich vor. „Du hast heute noch nicht so viel gesagt." Clara lehnte sich in ihrem Stuhl zurück und überlegte kurz, bevor sie antwortete. „Ich denke, dass es genau das ist, was ich brauchte. Eine Möglichkeit, über alles nachzudenken, ohne dabei eine feste Linie verfolgen zu müssen. Es ist, als ob mein Kopf auf einmal wieder klar wird, weil ich nicht versuche, alles zu kontrollieren." Die Gruppe nickte zustimmend. Es war genau das, was dieses Treffen ausmachte – der Freiraum, die Gedanken einfach schweifen zu lassen, ohne das Bedürfnis, eine endgültige Antwort zu finden.

Die nächsten Tage fühlte sich Clara belebt. Die Gespräche in der Bar hatten sie auf eine Weise stimuliert, die sie lange nicht mehr erlebt hatte. Sie spürte, dass sie mit diesen Menschen über Themen sprechen konnte, die tief in ihr schlummerten, und dass sie endlich einen Ort gefunden hatte, an dem sie sich frei ausdrücken konnte, ohne sich zu verstecken.

Doch obwohl diese Treffen eine Art intellektuelle Befreiung darstellten, wusste Clara, dass sie noch immer mit tieferen, emotionalen Themen zu kämpfen hatte. Ihre Familie, Jonas, die verlorenen Jahre, in denen sie sich selbst nicht wirklich verstanden hatte – all das lastete immer noch schwer auf ihrem Herzen. Die Bar-Gespräche, so inspirierend sie auch waren, konnten diese Last nicht völlig nehmen. Es war, als ob zwei Seiten in ihr kämpften: die Seite, die endlich beginnen wollte, frei zu leben, und die Seite, die noch immer die Narben der Vergangenheit trug.

Am Tag vor ihrem ersten Termin bei der Therapeutin saß Clara auf ihrem Bett, den Laptop auf dem Schoß. Sie starrte auf die Notiz, die sie sich gemacht hatte, in der sie die Themen aufgelistet hatte, die sie mit der Therapeutin besprechen wollte. Der Besuch bei ihrer Familie war immer noch präsent in ihren Gedanken, und sie wusste, dass ihre ungelösten Gefühle gegenüber ihren Eltern und ihrem Bruder tief in ihr arbeiteten. Der ewige Druck, erfolgreich zu sein, das Gefühl, immer die Erwartungen anderer erfüllen zu müssen – all das hatte Spuren in ihr hinterlassen, und sie war sich nicht sicher, ob sie bereit war, diese Wunden zu öffnen.

Clara wusste, dass der Termin am nächsten Tag wichtig war. Doch je mehr sie darüber nachdachte, desto größer wurde die Angst vor dem Unbekannten. Was, wenn die Gespräche bei der Therapeutin Dinge in ihr aufwühlten, die sie bisher erfolgreich unterdrückt hatte? Was, wenn sie sich plötzlich mit Gefühlen auseinandersetzen musste, denen sie sich nie gestellt hatte?

Am nächsten Morgen war Clara nervös, als sie sich auf den Weg zur Praxis von Dr. Miriam Heller machte. Der Himmel war grau, und die kalte Luft schien ihre Gedanken nur noch schwerer zu machen. Die Praxis lag in einem ruhigen Teil der Stadt, und als Clara vor dem schlichten Gebäude stand, überkam sie erneut der Gedanke, einfach umzukehren. Doch sie wusste, dass sie diesen Schritt gehen musste.

Sie trat ein, und die freundliche Rezeptionistin führte sie in das Wartezimmer. Clara setzte sich auf einen der weichen Sessel und blickte auf ihre Hände. Sie spürte wieder diese Unruhe aufsteigen. Sie wusste nicht, warum sie so nervös war – vielleicht, weil sie endlich anfangen musste, die Fassade, die sie so lange aufrechterhalten hatte, abzulegen.

Nach ein paar Minuten öffnete sich die Tür, und eine Frau in den Vierzigern mit sanften, aber wachen Augen trat ein. „Frau Lewis? Sie können reinkommen." Clara stand auf, folgte der Therapeutin in ein kleines, warm eingerichtetes Büro und setzte sich auf die Couch. Dr. Heller setzte sich auf einen Stuhl gegenüber und lächelte freundlich. „Also, Clara", begann die Therapeutin. „Was führt Sie zu mir?"

Clara atmete tief durch. Sie wusste, dass dies der Moment war, in dem sie beginnen musste, ehrlich zu sich selbst zu sein. Sie erzählte von ihrem Job, ihrer Hochbegabung, ihrer Familie und den inneren Konflikten, die sie seit so langer Zeit begleiteten. Es war befreiend, all das auszusprechen, und doch spürte Clara, wie sich die Unsicherheit in ihr weiter aufbaute. Sie wusste, dass dieser Weg nicht leicht sein würde.

Nach dem Termin ging Clara in einem nahegelegenen Park spazieren. Ihre Gedanken wirbelten umher, und sie fühlte sich erschöpft, aber auch erleichtert. Die erste Sitzung bei der Therapeutin war intensiv gewesen, doch sie hatte das Gefühl, dass sie einen wichtigen Schritt gemacht hatte. Sie wusste, dass die Arbeit an sich selbst Zeit brauchen würde, doch sie war bereit, diesen Weg zu gehen.

Am Abend traf sie sich wieder mit Lena in der Bar. Die Gespräche waren genauso tief und sprunghaft wie beim letzten Mal, aber diesmal spürte Clara, dass sie etwas anders sah. Sie genoss die Freiheit des intellektuellen Austauschs, doch sie wusste auch, dass sie einen inneren Weg eingeschlagen hatte, der tiefer ging. Es war, als ob sie zwei Wege parallel beschritt – den Weg der Selbstentdeckung in der Gruppe und den Weg der emotionalen Heilung in der Therapie.

„Wie war der Termin?" fragte Lena leise, als die Gespräche um sie herum zu anderen Themen abdrifteten. Clara lächelte schwach. „Es war hart, aber es war gut. Ich habe das Gefühl, dass ich endlich anfange, die Dinge wirklich zu verstehen." Lena nickte und hob ihr Glas. „Das ist ein riesiger Schritt, Clara. Du hast mehr erreicht, als du denkst." Clara stieß mit ihr an und ließ ihren Blick durch die Bar schweifen. Sie fühlte sich, als würde sie langsam die Kontrolle über ihr Leben zurückgewinnen – nicht durch große, dramatische Veränderungen, sondern durch die kleinen, bewussten Entscheidungen, die sie jeden Tag traf.

FÜNFUNDZWANZIG

Clara saß in ihrer Küche, die Tasse Kaffee in der Hand, und starrte auf das sanfte Flackern der Kerzen, die sie an diesem regnerischen Morgen angezündet hatte. Die letzten Tage waren voller neuer Einsichten gewesen. Das Treffen mit Lena und die tiefgründigen Gespräche in der Bar hatten ihr eine neue Art des intellektuellen Austauschs eröffnet, während die Therapie ihr half, die emotionalen Knoten zu lösen, die sie so lange begleitet hatten. Doch so viel sie auch über sich selbst lernte, es gab immer noch Momente, in denen sie das Gefühl hatte, festzustecken – als ob sie nicht vorankam, so sehr sie es auch versuchte.

Sie hatte noch ein paar Stunden Zeit, bevor sie ins Büro musste. Der neue Job war weiterhin eine Herausforderung, aber sie fühlte sich zunehmend wohler in der Rolle. Es gab Momente, in denen sie sich fragte, ob sie jemals wirklich ankommen würde, ob der Druck, ständig neue Ideen zu liefern und sich zu beweisen, irgendwann nachlassen würde. Doch dann gab es auch die Tage, an denen sie spürte, wie sich die Farben wieder in ihr Leben mischten, wie sie sich in den Projekten verlor und Freude an der Arbeit fand.

Heute jedoch schien der Regen draußen die Melancholie in ihr zu verstärken. Sie nahm einen Schluck Kaffee und griff nach ihrem Handy. Sie wollte Lena schreiben, aber hielt inne. Lena war in den letzten Wochen so eine große Unterstützung gewesen, doch Clara hatte das Gefühl, dass sie diese Momente der Unsicherheit allein durchstehen musste. Stattdessen scrollte sie durch ihre Nachrichten und blieb bei einer unbeantworteten Nachricht von Jonas hängen.

Jonas hatte sich nach ihrem letzten Kontakt nicht mehr gemeldet, aber seine Worte schwebten noch immer in ihrem Kopf. *Vielleicht sollten wir uns noch einmal treffen und darüber reden.* Sie wusste, dass sie ihm eine endgültige Antwort geben musste, doch sie konnte nicht entscheiden, was richtig war. War Jonas ein Teil ihrer Vergangenheit, den sie abschließen sollte, oder war er jemand, der ihr helfen konnte, alte Wunden zu heilen?

Im Büro angekommen, versuchte Clara sich auf ihre Aufgaben zu konzentrieren. Die Anforderung, an einer neuen Marketingstrategie für einen wichtigen Kunden zu arbeiten, bot eine willkommene Ablenkung. Doch obwohl sie sich tief in die Zahlen und Analysen vertiefte, kehrten ihre Gedanken immer wieder zu Jonas und ihrer bevorstehenden Therapiesitzung zurück.

Gegen Mittag erhielt sie eine Nachricht von Lena. *Wie läuft dein Tag? Ich hoffe, die Arbeit fordert dich nicht zu sehr. Lust auf ein Treffen in der Bar später?* Clara lächelte und tippte eine schnelle Antwort: *Klingt gut. Ich könnte eine Pause gebrauchen. Lass uns um 19 Uhr treffen.* Der Gedanke an das Treffen mit Lena und den anderen in der Bar gab Clara einen kleinen Schub. Diese Treffen hatten sich als eine Art Ventil für ihre Gedanken und Gefühle entwickelt – ein Ort, an dem sie sich frei fühlte, über alles zu sprechen, was sie bewegte, ohne die ständigen Erwartungen, die sie sonst in ihrem Alltag spürte. Doch während sie auf die Nachricht tippte, schlich sich ein Gedanke ein: Was würde passieren, wenn sie all diese Themen, die sie in der Bar diskutierte, in die Therapie einbrachte? Würde es ihr helfen, die tiefere Bedeutung hinter ihren Gedanken und Gefühlen zu finden? Die Idee fühlte sich plötzlich befreiend an. Es gab so vieles, dass sie in den Treffen losließ – all die Theorien, die sie mit den anderen teilte, all die Fragen, die sie sich stellte. Doch sie hatte nie wirklich die Zeit gefunden, all das auf einer tieferen Ebene zu reflektieren.

Am Abend in der Bar angekommen, fühlte sich Clara sofort wohl. Der Raum war belebt, doch die Gespräche an ihrem Tisch waren wie immer tief und sprunghaft. Heute sprach die Gruppe über das Konzept der Zeit. Der Dr. der Biologie, den sie bei den vorherigen Treffen kennengelernt hatte, hatte gerade einen Vortrag darüber gehalten, wie unser Bewusstsein Zeit auf lineare Weise erlebe, obwohl es in der Quantenphysik keine feste Zeit gebe.

„Es ist faszinierend", sagte er, während er ein weiteres Glas bestellte. „Wir glauben, dass wir die Zeit fest im Griff haben, aber tatsächlich ist sie nur eine Illusion. Unser Gehirn organisiert sie so, dass wir sie verstehen können, aber sie existiert nicht wirklich." Lena lachte und schüttelte den Kopf. „Und was bedeutet das dann für unser Leben? Ist alles, was wir tun, nur eine Abfolge von zufälligen Ereignissen ohne wirkliche Kontrolle?" Clara dachte nach. Das Thema war tief, und es erinnerte sie daran, wie sehr sie oft das Gefühl hatte, keine Kontrolle über ihr eigenes Leben zu haben. „Vielleicht ist es genau das", sagte sie schließlich. „Vielleicht gibt es keine Kontrolle, nur die Illusion davon. Aber das bedeutet auch, dass wir die Freiheit haben, unsere eigenen Entscheidungen zu treffen, ohne uns ständig darüber zu quälen, was richtig oder falsch ist." Die Gruppe nickte, während sie weiter diskutierten. Es war ein Gedanke, der in Clara nachhallte. Sie hatte so viel Zeit damit verbracht, die Kontrolle über ihr Leben zu suchen – beruflich, persönlich, emotional. Doch vielleicht lag die Freiheit genau darin, diese Illusion aufzugeben und die Entscheidungen zu treffen, die sich für sie richtig anfühlten, ohne zu viel über die Konsequenzen nachzudenken.

Als Clara nach dem Treffen nach Hause kam, fühlte sie sich leichter. Die Gespräche hatten ihr geholfen, ihre Gedanken zu ordnen, und sie wusste, dass sie in der Therapie darüber sprechen wollte. Sie öffnete ihr Notizbuch und begann, die Themen aufzuschreiben, die sie mit ihrer Therapeutin besprechen wollte: die Frage nach Kontrolle und Freiheit, die Last der Erwartungen, die ihr auf den Schultern lag, und die tiefe Unsicherheit, die sie noch immer spürte, wenn es um Jonas und ihre Familie ging. Doch bevor sie die Seite schloss, schrieb sie noch eine weitere Notiz: *Es ist okay, die Kontrolle loszulassen.*

Sie wusste, dass dies der nächste Schritt war – nicht nur in der Therapie, sondern auch in ihrem Leben. Sie musste lernen, dass sie nicht immer die Antworten auf alles haben konnte. Manchmal ging es einfach nur darum, Entscheidungen zu treffen und zu sehen, wohin sie führten. Und das bedeutete auch, dass sie eine Entscheidung über Jonas treffen musste.

Am nächsten Morgen stand Clara früh auf und machte sich auf den Weg zur Therapie. Sie hatte beschlossen, offen mit Dr. Heller über ihre Zweifel zu sprechen – über Jonas, über ihre Familie, und darüber, wie schwer es ihr fiel, die Kontrolle aufzugeben. Sie war bereit, diese Themen wirklich anzugehen, auch wenn sie wusste, dass es nicht einfach werden würde.

Als sie vor der Praxis ankam, atmete sie tief durch. Der Himmel war grau, und die Luft war kühl, doch Clara fühlte sich ruhig. Sie wusste, dass dies ein wichtiger Schritt war – nicht nur, weil sie sich Hilfe suchte, sondern weil sie bereit war, ihre Vergangenheit loszulassen und die Entscheidungen zu treffen, die sie vorwärtsbringen würden.

SECHSUNDZWANZIG

Clara saß in dem warmen, gemütlichen Raum von Dr. Miriam Heller und fühlte, wie die Zeit in einem merkwürdigen Schwebezustand verging. Seit ihrer ersten Sitzung mit der Therapeutin war es, als würde sie sich langsam durch die dichten Schichten ihrer eigenen Gedanken graben. Jede Sitzung schien ein wenig mehr Klarheit zu bringen, aber zugleich öffnete sie auch neue Türen zu Fragen, die Clara bisher nicht zu stellen gewagt hatte.

„Wie fühlen Sie sich jetzt, nachdem Sie einige Zeit hatten, darüber nachzudenken?" fragte Dr. Heller mit ihrer ruhigen, einfühlsamen Stimme.

Clara zögerte. Die Frage war einfach, doch die Antwort fiel ihr schwer. „Es fühlt sich... verwirrend an", begann sie und hielt inne, um ihre Gedanken zu ordnen. „Ich habe das Gefühl, dass ich mehr verstehe, aber gleichzeitig fühle ich mich noch nicht bereit, all diese Dinge wirklich anzugehen." Dr. Heller nickte. „Das ist ganz normal. Selbstreflexion und Veränderung geschehen nicht über Nacht. Es ist ein Prozess, der Geduld und Zeit erfordert. Was genau verwirrt Sie am meisten?" Clara seufzte und legte die Hände in ihren Schoß. Sie wusste, dass sie ehrlich sein musste, wenn sie wirklich Fortschritte machen wollte. „Es sind vor allem zwei Dinge, die mich nicht loslassen", sagte sie schließlich. „Jonas und meine Familie. Ich habe das Gefühl, dass ich an beidem festhalte, obwohl ich weiß, dass es mich zurückhält. Aber es ist schwer, loszulassen, weil ich nicht weiß, was dann kommt." Dr. Heller lächelte sanft. „Es klingt, als ob diese Beziehungen für Sie eine Art von Sicherheit darstellen – auch wenn sie nicht immer positiv waren. Das ist völlig verständlich. Veränderungen, besonders wenn sie emotional tief gehen, erfordern oft, dass wir uns von den Dingen lösen, die uns bisher Halt gegeben haben, auch wenn dieser Halt nicht mehr gut für uns ist." Clara nickte, obwohl die Worte noch immer in ihrem Kopf nachhallten. Sie wusste, dass Jonas ein Teil ihrer Vergangenheit war, der sie immer wieder in den alten Kreislauf zurückzog. Ihre Familie hingegen war eine Quelle von Erwartungen und Druck, die sie nie ganz loswerden konnte. Sie hatte das Gefühl, dass sie immer noch versuchte, den hohen Standards ihrer Eltern zu entsprechen, und das machte es ihr schwer, ihren eigenen Weg zu finden. „Es ist merkwürdig", sagte Clara nach einer Weile. „Ich denke ständig darüber nach, was passiert, wenn ich diese Dinge wirklich loslasse. Ich weiß, dass ich es tun muss, aber gleichzeitig habe ich Angst davor, was dann kommt. Was passiert, wenn ich plötzlich niemanden mehr habe, der mir sagt, wie ich mein Leben führen soll?"

Dr. Heller sah sie aufmerksam an. „Die Frage, die Sie sich stellen müssen, ist nicht, was passiert, wenn Sie niemanden mehr haben, der Ihnen sagt, was Sie tun sollen. Die Frage ist: Was möchten Sie tun, wenn Sie die Freiheit haben, das selbst zu entscheiden?" Clara schwieg einen Moment und ließ die Worte in sich wirken. Es war, als hätte Dr. Heller einen Nerv getroffen, den sie bisher vermieden hatte. Was wollte sie wirklich? Sie hatte so viel Zeit damit verbracht, die Erwartungen anderer zu erfüllen, dass sie nie darüber nachgedacht hatte, was sie selbst wollte.

Am nächsten Abend saß Clara wieder in der Bar mit Lena und den anderen. Die Gespräche sprangen wie immer von einem Thema zum nächsten, und Clara fühlte sich in der Gesellschaft dieser klugen, sprunghaften Menschen wohl. Es war ein Ort, an dem sie sie selbst sein konnte, ohne sich verstellen zu müssen, ein Ort, an dem ihre Gedanken frei fließen konnten, ohne ständig analysiert zu werden. „Was denkst du über das Konzept des freien Willens?" fragte der Biologe aus der Gruppe, der gerade eine lebhafte Diskussion über neurobiologische Prozesse und Entscheidungsfindung führte. „Ist alles, was wir tun, nur eine Reaktion auf chemische Prozesse in unserem Gehirn, oder haben wir tatsächlich die Fähigkeit, echte Entscheidungen zu treffen?" Clara lehnte sich zurück und dachte nach. Das Thema war faszinierend, und es brachte sie zum Nachdenken über ihre eigene Situation. Hatte sie wirklich die Kontrolle über ihr Leben, oder war sie nur ein Produkt ihrer Umstände und der Entscheidungen, die andere für sie getroffen hatten? „Ich glaube, dass wir die Fähigkeit haben, echte Entscheidungen zu treffen", sagte sie schließlich. „Aber ich denke auch, dass viele von uns – mich eingeschlossen – oft nicht die Verantwortung dafür übernehmen. Wir lassen uns von unseren Ängsten und Unsicherheiten leiten und glauben, dass wir keine Wahl haben. Aber in Wirklichkeit haben wir immer eine Wahl. Es ist nur bequemer, zu denken, dass es nicht so ist." Die anderen am Tisch nickten, und die Diskussion ging weiter, doch Clara blieb in ihren Gedanken hängen. Ihre eigenen Worte hatten eine tiefere Wahrheit enthüllt, die sie bisher nicht wirklich wahrgenommen hatte. Sie hatte die Macht, Entscheidungen zu treffen – über Jonas, über ihre Familie, über ihr Leben. Sie hatte die Macht, die Kontrolle zurückzugewinnen, auch wenn es sich manchmal so anfühlte, als ob sie keine Wahl hätte.

Später in dieser Nacht, als Clara nach Hause kam, nahm sie ihr Handy und öffnete die letzte Nachricht von Jonas. Sie hatte lange darüber nachgedacht, wie sie antworten sollte, und nun, nach den Gesprächen in der Bar und den Erkenntnissen aus der Therapie, fühlte sie sich bereit, die Entscheidung zu treffen.

Sie tippte eine kurze, aber klare Nachricht: *„Jonas, ich glaube, es ist Zeit, dass wir beide weitergehen. Ich weiß, dass du immer ein wichtiger Teil meines Lebens warst, aber ich denke, es ist besser, wenn wir getrennte Wege gehen. Ich wünsche dir alles Gute."*

Clara drückte auf „Senden" und legte das Handy zur Seite. Es fühlte sich seltsam an, einen so entscheidenden Schritt zu machen, aber gleichzeitig spürte sie eine Erleichterung. Jonas hatte sie lange in einem emotionalen Kreislauf gehalten, der sie immer wieder zurück in die Unsicherheiten ihrer Vergangenheit gezogen hatte. Doch jetzt war es an der Zeit, sich selbst die Freiheit zu geben, vorwärts zu gehen.

In den folgenden Tagen konzentrierte sich Clara wieder intensiv auf ihre Arbeit. Sie hatte beschlossen, die Zeit und Energie, die sie bisher in die Bewältigung ihrer persönlichen Konflikte gesteckt hatte, nun in ihre beruflichen Projekte zu investieren. Ihr Team arbeitete an einer großen Kampagne für einen wichtigen Kunden, und Clara war fest entschlossen, sich zu beweisen.

Doch obwohl sie sich auf ihre Arbeit konzentrierte, spürte sie, dass die innere Veränderung, die sie durch die Therapie und die Gespräche mit Lena erlebte, auch in ihrem beruflichen Leben spürbar wurde. Sie war selbstbewusster, weniger von Selbstzweifeln geplagt, und begann, ihre Ideen und Ansichten mit mehr Klarheit und Überzeugung zu vertreten. Es war, als ob die innere Ordnung, die sie langsam fand, sich auch auf die äußere Welt auswirkte.

Eines Tages, während eines Teammeetings, stellte Clara eine Idee vor, die sie sich zuvor nie getraut hätte zu äußern. Es war ein kreativer Ansatz, der vom bisherigen Plan abwich, und sie wusste, dass es riskant war, ihn vorzuschlagen. Doch sie hatte das Gefühl, dass es die richtige Lösung war.

„Ich weiß, dass das ein unkonventioneller Ansatz ist", sagte Clara, als sie ihre Präsentation beendete. „Aber ich glaube, dass es genau das ist, was unser Kunde braucht. Wir müssen mutig genug sein, etwas Neues auszuprobieren." Ihr Chef sah sie einen Moment lang schweigend an, bevor er schließlich nickte. „Es ist ein interessanter Vorschlag, Clara. Ich denke, wir sollten es in Erwägung ziehen." Clara spürte, wie ihr Herz schneller schlug. Es war das erste Mal seit langer Zeit, dass sie das Gefühl hatte, wirklich gehört zu werden – nicht nur, weil sie ihre Arbeit gut machte, sondern weil sie etwas Wichtiges zu sagen hatte. Es war, als ob all die innere Arbeit, die sie in den letzten Wochen geleistet hatte, sich nun auszuzahlen begann.

Als Clara an diesem Abend nach Hause kam, fühlte sie sich erfüllt, aber auch erschöpft. Sie setzte sich auf das Sofa und legte die Füße hoch. Der Tag war intensiv gewesen, und die Erkenntnis, dass sie nicht nur beruflich, sondern auch persönlich Fortschritte machte, war ermutigend. Doch sie wusste auch, dass es noch viel Arbeit zu tun gab – vor allem in ihrer Therapie. Sie dachte an das nächste Treffen mit Dr. Heller und überlegte, welche Themen sie ansprechen wollte. Sie wusste, dass es an der Zeit war, die tiefere Verbindung zu ihrer Familie zu thematisieren – die Erwartungen, die sie an sie hatten, und das Gefühl, dass sie nie wirklich ihren eigenen Weg hatte gehen können. Ihre Familie war ein Thema, das sie lange vermieden hatte, weil es so schmerzhaft war. Doch sie wusste, dass sie sich dem stellen musste, wenn sie wirklich frei sein wollte.

Am nächsten Morgen saß Clara in der Praxis von Dr. Heller und sprach über ihre Familie. Es fiel ihr schwer, die Worte zu finden, doch sie wusste, dass es notwendig war. Sie erzählte von den hohen Erwartungen ihrer Eltern, von dem Druck, den sie spürte, und davon, wie schwer es ihr fiel, ihren eigenen Weg zu finden.

„Es fühlt sich an, als wäre ich immer noch das Kind, das versucht, ihre Zustimmung zu bekommen", sagte Clara leise. „Auch wenn ich weiß, dass ich erwachsen bin und meine eigenen Entscheidungen treffen kann, fühlt es sich so an, als würde ich sie ständig enttäuschen, wenn ich nicht das tue, was sie von mir erwarten." Dr. Heller nickte verständnisvoll. „Es ist oft schwer, sich von den Erwartungen der Familie zu lösen, besonders wenn sie so tief verwurzelt sind. Doch die Frage, die Sie sich stellen müssen, ist: Welche Erwartungen haben Sie an sich selbst? Was möchten Sie erreichen, unabhängig von dem, was Ihre Eltern von Ihnen erwarten?" Clara schwieg einen Moment und dachte nach. Es war eine Frage, die sie sich bisher nie wirklich gestellt hatte. Sie hatte so viel Zeit damit verbracht, die Erwartungen ihrer Eltern zu erfüllen, dass sie nie darüber nachgedacht hatte, was sie selbst wirklich wollte. „Ich weiß es nicht", gab sie schließlich zu. „Ich glaube, ich habe nie wirklich darüber nachgedacht." Dr. Heller lächelte. „Das ist ein guter Anfang. Die Tatsache, dass Sie jetzt bereit sind, sich diese Frage zu stellen, zeigt, dass Sie auf dem richtigen Weg sind. Es ist in Ordnung, wenn Sie die Antwort nicht sofort wissen. Es geht darum, sich die Zeit zu nehmen, das herauszufinden." Clara nickte, und obwohl sie sich immer noch unsicher fühlte, spürte sie, dass sie einen weiteren Schritt nach vorne gemacht hatte. Es war nicht einfach, aber sie wusste, dass sie auf dem richtigen Weg war.

Am Abend nach der Therapiesitzung traf sich Clara wieder mit Lena in der Bar. Die Gespräche waren, wie immer, tief und bedeutungsvoll, doch diesmal fühlte sich Clara anders. Sie hatte das Gefühl, dass sie langsam die Kontrolle über ihr eigenes Leben zurückgewann – nicht durch große, dramatische Entscheidungen, sondern durch die kleinen Schritte, die sie jeden Tag machte.

Lena sah sie an und lächelte. „Du siehst anders aus, Clara. Irgendwie... leichter." Clara lachte leise. „Vielleicht, weil ich endlich anfange, loszulassen."

SIEBENUNDZWANZIG

Clara stand vor dem Spiegel im Flur ihrer Wohnung und betrachtete ihr eigenes Spiegelbild. Es war ein Sonntagmorgen, und sie hatte die letzten Stunden damit verbracht, in ihrem Kopf alte Gespräche mit ihrer Familie immer und immer wieder durchzugehen. Die Frage, die Dr. Heller ihr in der letzten Therapiesitzung gestellt hatte, hallte noch immer nach: *Welche Erwartungen hast du an dich selbst?*

Clara war sich nie sicher gewesen, was sie wirklich wollte. Sie hatte immer gedacht, dass sie Erfolg haben musste, dass sie den Erwartungen ihrer Eltern gerecht werden musste, um Anerkennung zu finden. Doch jetzt, da sie sich endlich erlaubte, diese Fragen zu stellen, spürte sie, dass sie nicht mehr dieselbe Person war, die ständig um Bestätigung von außen kämpfte.

Der Gedanke an ihre Eltern und an den Druck, den sie seit ihrer Kindheit verspürt hatte, ließ sie nicht los. Heute wollte sie sich diesen alten Themen stellen – sie hatte beschlossen, ihre Eltern zu besuchen und ein ehrliches Gespräch mit ihnen zu führen. Es war an der Zeit, diese unausgesprochenen Konflikte zu klären und ihren eigenen Weg zu finden.

Clara machte sich auf den Weg zum Haus ihrer Eltern, und während sie die vertrauten Straßen entlangfuhr, spürte sie eine Mischung aus Nervosität und Entschlossenheit in sich aufsteigen. Sie wusste, dass dieses Gespräch schwierig werden würde, aber sie war bereit, es zu führen. Es war nicht einfach, sich den Erwartungen ihrer Eltern zu entziehen, doch sie wusste, dass sie es tun musste, um wirklich frei zu sein.

Als sie in der Einfahrt parkte, sah sie, wie ihre Mutter im Garten arbeitete, die Hände in der Erde, während ihr Vater im Hintergrund den Rasen mähte. Die Szene war so vertraut, dass es Clara für einen Moment schwerfiel, den nächsten Schritt zu machen. Doch sie atmete tief durch und ging auf ihre Mutter zu. „Hallo, Mama", sagte sie und zwang sich zu einem Lächeln. Ihre Mutter richtete sich auf, wischte sich die Erde von den Händen und lächelte. „Clara! Schön, dass du da bist." Sie zog Clara in eine feste Umarmung. „Komm, lass uns reingehen."

Drinnen setzten sie sich in die Küche, und Clara wusste, dass sie nicht lange zögern konnte. Sie musste dieses Gespräch jetzt führen, bevor ihre Unsicherheit wieder die Oberhand gewann. „Mama, Papa", begann sie, als auch ihr Vater hereinkam und sich an den Tisch setzte. „Ich muss mit euch über etwas Wichtiges sprechen." Ihre Eltern sahen sie neugierig an, doch Clara spürte die Anspannung, die sich langsam in dem Raum ausbreitete. „Ich habe in den letzten Monaten viel über mich selbst nachgedacht", fuhr sie fort. „Über meine Arbeit, mein Leben und darüber, was ich wirklich will. Und ich habe gemerkt, dass ich mich oft so gefühlt habe, als müsste ich immer euren Erwartungen gerecht werden. Als wäre ich nie genug, egal, was ich tue." Ihre Mutter runzelte die Stirn und wollte etwas sagen, doch Clara hob die Hand, um sie zu unterbrechen. „Ich weiß, dass ihr nur das Beste für mich wolltet", sagte Clara schnell. „Aber ich habe das Gefühl, dass ich nie wirklich meinen eigenen Weg gehen konnte. Ich habe immer versucht, erfolgreich zu sein, damit ihr stolz auf mich seid. Aber ich merke jetzt, dass das nicht das ist, was ich wirklich will."

Ihre Eltern sahen sie schweigend an, und Clara spürte die Schwere dieses Moments. Sie wusste, dass es schwer für sie war, ihre Worte zu verstehen – sie hatten immer geglaubt, dass sie Clara das Beste boten, indem sie hohe Erwartungen an sie stellten. „Clara", sagte ihr Vater schließlich leise. „Wir wollten immer nur, dass du glücklich bist." „Aber ich war nicht glücklich", erwiderte Clara und spürte, wie die Tränen in ihr aufstiegen. „Ich war nie wirklich glücklich, weil ich das Gefühl hatte, dass ich mich immer beweisen musste. Ich habe nie gewusst, wer ich wirklich bin, weil ich immer versucht habe, das zu sein, was ihr von mir erwartet habt." Ihre Mutter sah betroffen aus, und Clara konnte den Schmerz in ihren Augen sehen. „Wir wussten nicht, dass du dich so fühlst", sagte sie leise. „Es tut mir leid, Clara." Clara atmete tief durch. „Es ist nicht eure Schuld", sagte sie. „Ich habe es nie ausgesprochen, weil ich es selbst nicht wirklich verstanden habe. Aber jetzt muss ich meinen eigenen Weg finden, und das bedeutet, dass ich vielleicht Dinge tue, die nicht euren Vorstellungen entsprechen. Und ich brauche, dass ihr mich dabei unterstützt."

Ihre Eltern sahen sich einen Moment lang an, bevor ihr Vater schließlich nickte. „Wir wollen nur, dass du deinen eigenen Weg findest, Clara", sagte er. „Wenn das bedeutet, dass du Dinge anders machst, dann ist das in Ordnung." Clara fühlte, wie eine große Last von ihren Schultern fiel. Es war nicht das perfekte Gespräch gewesen, und sie wusste, dass es noch viel zu klären gab. Aber es war ein Anfang. Ein Anfang, der es ihr erlaubte, ihren eigenen Weg zu gehen.

Als Clara später an diesem Tag nach Hause fuhr, fühlte sie sich erleichtert, aber auch erschöpft. Das Gespräch mit ihren Eltern war anstrengend gewesen, doch sie wusste, dass es notwendig war. Sie hatte endlich die Freiheit, ihren eigenen Weg zu finden, ohne sich ständig von den Erwartungen anderer leiten zu lassen. Am nächsten Tag ging Clara wieder in die Praxis von Dr. Heller. Sie fühlte, dass sie einen wichtigen

Schritt gemacht hatte, doch sie wusste auch, dass es noch viel Arbeit zu tun gab. „Wie war das Gespräch mit Ihren Eltern?" fragte Dr. Heller, als Clara sich auf die Couch setzte. Clara lächelte schwach. „Es war schwer, aber es war gut. Ich habe ihnen gesagt, wie ich mich gefühlt habe, und sie haben es verstanden. Zumindest hoffe ich das." Dr. Heller nickte. „Das ist ein großer Schritt. Es ist nicht einfach, sich den Erwartungen der Familie zu entziehen, besonders wenn sie so tief verwurzelt sind. Aber es klingt, als ob Sie auf dem richtigen Weg sind." Clara seufzte. „Ja, ich denke, das bin ich. Aber es fühlt sich immer noch so an, als hätte ich keine Ahnung, was ich wirklich will. Ich habe so viel Zeit damit verbracht, die Erwartungen anderer zu erfüllen, dass ich nicht weiß, wer ich ohne diese Erwartungen bin."

„Das ist eine Frage, die viele Menschen beschäftigt", sagte Dr. Heller. „Aber der erste Schritt ist, dass Sie sich diese Frage stellen. Die Antworten werden mit der Zeit kommen, aber es ist wichtig, dass Sie sich selbst die Erlaubnis geben, diese Antworten zu finden." Clara nickte, obwohl die Unsicherheit in ihr noch immer präsent war. Sie wusste, dass es ein langer Weg war, aber sie war bereit, ihn zu gehen. Am Abend traf sich Clara wieder mit Lena und den anderen in der Bar. Die Gespräche waren wie immer tief und sprunghaft, und Clara fühlte sich wohl in der Gesellschaft dieser Menschen, die genauso viel hinterfragten wie sie selbst. „Wie war das Gespräch mit deinen Eltern?" fragte Lena, als sie sich einen Moment zurücklehnten und die anderen diskutieren ließen. Clara zuckte mit den Schultern. „Es war hart, aber es war gut. Ich habe ihnen gesagt, wie ich mich gefühlt habe, und sie haben es akzeptiert. Aber es ist schwer, diese alten Muster loszulassen." Lena nickte verständnisvoll. „Das kann ich mir vorstellen. Aber du machst das großartig, Clara. Du fängst endlich an, für dich selbst einzustehen." Clara lächelte dankbar. „Ja, ich denke, das tue ich. Aber ich habe das Gefühl, dass ich noch viel herausfinden muss." „Das wirst du auch", sagte Lena. „Aber du musst nicht alles sofort wissen. Du machst das Schritt für Schritt, und das ist der richtige Weg." Clara fühlte sich beruhigt von Lenas Worten. Sie wusste, dass sie nicht allein auf diesem Weg war – sie hatte Freunde, die sie unterstützten, und eine Therapeutin, die ihr half, ihre Gedanken zu ordnen. Es war ein langer Weg, aber Clara wusste, dass sie ihn nicht allein gehen musste.

Die nächsten Tage vergingen schnell, und Clara fühlte sich zunehmend sicherer in ihrem neuen Leben. Sie arbeitete weiterhin an sich selbst, sowohl in der Therapie als auch in den Gesprächen mit ihren Freunden, und spürte, dass sie langsam die Kontrolle über ihr Leben zurückgewann.

Eines Abends, als sie wieder in der Bar saß, überkam sie ein Gefühl der Zufriedenheit, das sie lange nicht mehr gespürt hatte. Die Gespräche um sie herum waren tief, und die Menschen, mit denen sie sich umgab, waren genau die Art von Menschen, die sie in ihrem Leben haben wollte – Menschen, die sie herausforderten, die sie unterstützten, und die sie dazu brachten, über sich selbst nachzudenken.

Clara lehnte sich zurück und nahm einen tiefen Atemzug. Sie war noch nicht am Ziel, aber sie war auf dem Weg. Und das war mehr, als sie sich je erhofft hatte.

ACHTUNDZWANZIG

Der Morgen brach mit einem leuchtend roten Himmel an, der den Horizont in ein warmes Licht tauchte. Clara lag wach in ihrem Bett und ließ die Farben, die sich durch die Vorhänge schlichen, auf sich wirken. Es war ein seltsamer Moment des Friedens – ein Moment, in dem die Welt still zu sein schien und alles irgendwie Sinn ergab. Seit dem Gespräch mit ihren Eltern und den Erkenntnissen, die sie in der Therapie gewonnen hatte, fühlte sich Clara leichter, doch die Leichtigkeit war neu und ungewohnt. Sie fragte sich, wie lange dieses Gefühl anhalten würde.

Clara setzte sich auf und streckte sich. Heute war ein besonderer Tag, denn sie hatte ein wichtiges Meeting im Büro. Es war der Abschluss der Kampagne, an der sie seit Wochen gearbeitet hatte, und sie wusste, dass viel auf dem Spiel stand. Der Erfolg dieser Kampagne würde nicht nur das Vertrauen ihrer Vorgesetzten in sie festigen, sondern auch Claras eigenes Selbstbewusstsein stärken. Sie war sich sicher, dass sie bereit war – doch ein kleiner Zweifel nagte noch immer an ihr.

Später am Morgen, als Clara im Büro ankam, fühlte sie die übliche Geschäftigkeit der Mitarbeiter um sie herum. Sie ging zu ihrem Schreibtisch, legte ihre Tasche ab und begann, ihre Notizen für die Präsentation durchzugehen. Ihre Finger glitten über die Tastatur, während sie die letzten Details in ihre

Präsentation einfügte. Die Zahlen und Fakten waren alle da, aber Clara wusste, dass es nicht nur darum ging, die Daten zu präsentieren. Es ging darum, die Vision dahinter zu vermitteln, die Kreativität, die in dieser Kampagne steckte – und das war es, was sie am meisten aufregte.

Ihre Kollegin Sarah kam an ihren Schreibtisch und lächelte sie an. „Bist du bereit?" Clara nickte und lächelte zurück. „Ja, ich denke schon." „Du wirst das großartig machen", sagte Sarah und klopfte ihr auf die Schulter. „Wir alle wissen, wie viel Arbeit du da reingesteckt hast." Clara fühlte eine Mischung aus Nervosität und Aufregung. Sie wusste, dass dies ein entscheidender Moment war – nicht nur beruflich, sondern auch persönlich. Sie wollte beweisen, dass sie in der Lage war, Verantwortung zu übernehmen und ihre Fähigkeiten unter Beweis zu stellen. Aber mehr noch, sie wollte sich selbst beweisen, dass sie stark genug war, ihren eigenen Weg zu gehen.

Das Meeting verlief gut. Clara präsentierte ihre Ideen klar und überzeugend, und als sie das letzte Slide auf dem Bildschirm zeigte, konnte sie die Zufriedenheit in den Gesichtern ihrer Vorgesetzten sehen. Sie stellte sich den Fragen mit Ruhe und Selbstbewusstsein, und als das Meeting schließlich zu Ende war, spürte sie eine Welle der Erleichterung.

Ihr Chef, Herr Wagner, trat zu ihr und reichte ihr die Hand. „Gute Arbeit, Clara. Das war genau das, was wir gebraucht haben." Clara lächelte und bedankte sich. Sie fühlte sich, als hätte sie endlich den Platz erreicht, den sie so lange gesucht hatte – nicht nur beruflich, sondern auch persönlich. Es war ein Moment des Erfolgs, aber auch ein Moment der Klarheit. Sie wusste, dass dies erst der Anfang war.

Am Abend, nach dem erfolgreichen Tag im Büro, traf sich Clara wieder mit Lena in der Bar. Sie hatten beschlossen, sich heute nur zu zweit zu treffen, ohne die größere Gruppe, die sonst bei den Treffen dabei war. Es war ein ruhiger Abend, und die Bar war nicht so voll wie sonst. „Du siehst zufrieden aus", sagte Lena, als Clara sich neben sie an den Tisch setzte. Clara lächelte. „Es war ein guter Tag. Ich habe die Präsentation für die Kampagne gehalten, und es lief wirklich gut." „Das freut mich", sagte Lena und hob ihr Glas. „Auf deinen Erfolg."

Clara stieß mit ihr an und nahm einen Schluck von ihrem Drink. Doch obwohl sie den Erfolg des Tages genoss, spürte sie, dass noch etwas in ihr arbeitete – eine Unruhe, die sie nicht ganz loswurde. Die Frage, die Dr. Heller ihr gestellt hatte, ließ sie nicht los: *Was willst du wirklich?*

Lena beobachtete sie und legte den Kopf leicht schief. „Du denkst über etwas nach. Ich kann es sehen." Clara seufzte und lehnte sich in ihrem Stuhl zurück. „Ja, ich denke immer noch darüber nach, was ich wirklich will. Ich meine, der Job ist großartig, und ich mag es, was ich tue. Aber manchmal frage ich mich, ob es das wirklich ist. Ob das wirklich alles ist, was ich vom Leben will."

Lena nickte verständnisvoll. „Das verstehe ich. Es ist schwer, diese Frage zu beantworten, besonders wenn man sich lange von den Erwartungen anderer hat leiten lassen."

„Genau", sagte Clara und runzelte die Stirn. „Ich habe so viel Zeit damit verbracht, mich auf die Arbeit zu konzentrieren und darauf, es allen recht zu machen. Aber jetzt, wo ich anfange, meinen eigenen Weg zu gehen, frage ich mich, was ich wirklich will – unabhängig von den Erwartungen anderer."

Lena lehnte sich vor. „Hast du eine Ahnung, was es sein könnte?" Clara zögerte. „Manchmal denke ich, dass ich etwas Kreativeres machen möchte. Vielleicht etwas, das mir mehr Freiheit gibt. Ich habe immer davon geträumt, zu schreiben, aber ich habe es nie wirklich verfolgt." „Dann solltest du es tun", sagte Lena entschlossen. „Du bist so talentiert, Clara. Und du hast so viel zu erzählen. Vielleicht ist das genau das, was du brauchst, um herauszufinden, was du wirklich willst." Clara lächelte schwach. „Vielleicht hast du recht. Aber es ist beängstigend, diese Veränderung zuzulassen." „Veränderung ist immer beängstigend", sagte Lena. „Aber wenn du dich danach sehnst, etwas Kreativeres zu tun, solltest du dir die Erlaubnis geben, es auszuprobieren. Du kannst das schaffen." Die Worte von Lena begleiteten Clara auf dem Heimweg. Der Gedanke, etwas Kreativeres zu machen, hatte schon lange in ihr geschlummert, doch sie hatte ihn immer wieder beiseitegeschoben, weil es zu riskant erschien. Doch jetzt, da sie sich mehr und mehr von den Erwartungen anderer löste, spürte sie, dass dieser Wunsch stärker wurde. Als sie nach Hause kam, setzte sie sich an ihren Schreibtisch und öffnete ihren Laptop. Sie hatte schon immer gerne geschrieben, doch es war lange her, dass sie es ernsthaft versucht hatte. Heute jedoch fühlte sich der Moment richtig an. Sie wollte nicht mehr länger warten – sie wollte herausfinden, ob das Schreiben wirklich der Weg war, den sie einschlagen wollte. Clara öffnete ein leeres Dokument und begann zu tippen. Die Worte flossen langsamer, als sie gehofft hatte, doch sie spürte, wie sich etwas in ihr löste. Sie schrieb über ihre Gedanken, ihre Gefühle, und die innere Reise, auf der sie sich befand. Es war, als würde sie ihre eigenen Erfahrungen in Worte fassen und sie aus einem neuen Blickwinkel betrachten. Sie schrieb bis spät in die Nacht, und als sie schließlich auf die Uhr sah, bemerkte sie überrascht, wie die Stunden vergangen waren. Der Raum war still, nur das leise Summen ihres Laptops und das gelegentliche Klappern der Tastatur erfüllten die Dunkelheit. Clara sah auf den Bildschirm und überflog die Seiten, die sie in den letzten Stunden gefüllt hatte. Es war kein Meisterwerk, kein ausgefeilter Roman – aber es war der Anfang. Der Anfang von etwas, das sie lange in sich getragen hatte, ohne es wirklich zuzulassen. Der Gedanke, dass das Schreiben ihr Ausweg sein könnte, begann sich fest in ihr zu verankern. Sie klappte den Laptop zu und lehnte sich zurück, schloss die Augen und atmete tief ein. Zum ersten Mal seit langer Zeit fühlte sie sich erfüllt von etwas, das nichts mit ihrer Arbeit im Büro zu tun hatte. Es war ein kleiner, aber bedeutender Schritt. Vielleicht war das Schreiben der kreative Ausgleich, den sie gebraucht hatte, um herauszufinden, wer sie wirklich war, abseits der Erwartungen ihrer Familie und der Strukturen ihrer Arbeit.

Am nächsten Morgen war Clara früh wach. Die Sonne schien hell durch die Vorhänge, und sie fühlte sich überraschend frisch, trotz der kurzen Nacht. Mit einer Tasse Kaffee in der Hand setzte sie sich an den Küchentisch und öffnete erneut ihren Laptop. Bevor sie ins Büro musste, wollte sie noch einmal die Seiten durchsehen, die sie am Vorabend geschrieben hatte. Es war immer noch roh, die Sätze oft unfertig, aber sie spürte, dass die Gedanken und Emotionen, die sie niedergeschrieben hatte, echt waren.

Während sie durch den Text scrollte, spürte sie ein leises Kribbeln der Aufregung in sich. Was, wenn sie das wirklich verfolgen würde? Was, wenn das Schreiben tatsächlich mehr für sie sein könnte als nur ein Hobby? Der Gedanke war verlockend, aber auch beängstigend. Sie hatte ihr ganzes Leben darauf ausgerichtet, in der Welt der Zahlen und Strategien zu funktionieren. Aber vielleicht, dachte sie, gab es da noch eine andere Welt, eine, die auf Worte, Geschichten und Emotionen basierte. Clara legte ihre Hände auf die Tastatur, bereit, weiterzuschreiben, doch bevor sie anfangen konnte, vibrierte ihr Handy auf dem Tisch. Es war eine Nachricht von Sarah, ihrer Kollegin: *Treffen heute Mittag verschoben. Kommst du mit zu einer Kaffee-Runde?* Clara lächelte und tippte eine schnelle Antwort: *Klar, bin dabei!* Sie wusste, dass der Alltag sie schnell wieder einholen würde, doch der Gedanke an das Schreiben begleitete sie weiterhin. Es war, als hätte sie eine Tür geöffnet, die lange verschlossen gewesen war, und nun konnte sie nicht mehr zurückgehen. Sie wollte herausfinden, wohin dieser Weg sie führen würde.

Im Büro war der übliche Trubel. Kollegen liefen hin und her, sprachen über die neuesten Projekte und Deadlines, doch Clara spürte, dass sie anders auf all das reagierte. Sie fühlte sich nicht mehr so gefangen in den täglichen Aufgaben, sondern betrachtete ihre Arbeit nun aus einer gewissen Distanz. Es war, als hätte sie endlich die Möglichkeit, sich nicht nur auf den Erfolg im Büro zu konzentrieren, sondern auch auf das, was sie innerlich erfüllte.

Beim Mittagessen saß sie mit Sarah und ein paar anderen Kollegen zusammen. Die Gespräche drehten sich um die üblichen Themen – neue Projekte, berufliche Herausforderungen, Pläne für das Wochenende. Clara beteiligte sich wie immer, doch ihr Kopf war woanders. Sie konnte nicht aufhören, an das Schreiben zu denken, und fragte sich, wie sie es in ihren Alltag integrieren konnte. „Alles okay bei dir?" fragte Sarah plötzlich und sah sie neugierig an. Clara lächelte verlegen. „Ja, alles gut. Ich war nur in Gedanken versunken." Sarah lachte. „Ich hoffe, in guten Gedanken?" „Ja, definitiv in guten Gedanken", antwortete Clara und nahm einen Bissen von ihrem Sandwich. Sie wollte nicht zu viel verraten, aber sie konnte das Gefühl der Vorfreude nicht unterdrücken. Es war, als hätte sie endlich etwas gefunden, das sie wirklich bewegte. Am Abend, als Clara wieder zu Hause war, griff sie sofort nach ihrem Laptop. Sie fühlte sich inspiriert, weiterzuschreiben, und die Worte flossen leichter als am Vorabend. Es war, als hätten sich die Blockaden, die sie so lange zurückgehalten hatten, langsam gelöst. Sie schrieb über ihre inneren Konflikte, ihre Suche nach Selbstbestimmung und Freiheit, und sie erkannte, dass das Schreiben eine Art Therapie für sie war – ein Weg, ihre Gedanken und Gefühle zu verarbeiten und zu ordnen.

Während sie schrieb, merkte sie, dass sie tiefer in ihre eigenen Emotionen eintauchte. Die Themen, die sie in der Therapie mit Dr. Heller besprochen hatte – ihre Unsicherheiten, ihre Beziehungen, ihre Ängste – all das fand plötzlich einen Platz auf dem Papier. Es war, als würde sie ihre eigenen Gedanken von außen betrachten und sie zum ersten Mal wirklich verstehen. Clara verbrachte den Abend damit, die Seiten zu füllen, und als sie schließlich auf die Uhr schaute, war es wieder spät geworden. Doch diesmal fühlte sie sich nicht erschöpft – sie fühlte sich erfüllt. Sie hatte etwas geschaffen, das ihr etwas bedeutete, und das war mehr, als sie erwartet hatte.

In den folgenden Tagen fand Clara immer wieder Zeit, um zu schreiben. Sie begann, ihre Texte zu strukturieren, an ihren Ideen zu feilen und sich tiefer mit dem kreativen Prozess auseinanderzusetzen. Es war eine neue Art von Arbeit, aber sie fühlte sich richtig an. Die Stunden, die sie mit dem Schreiben verbrachte, gaben ihr ein Gefühl der Zufriedenheit, das sie in ihrem Berufsleben nicht immer fand. Doch gleichzeitig spürte sie auch, dass diese kreative Seite in Konflikt mit ihrem beruflichen Alltag stand. Je mehr sie schrieb, desto stärker wurde der Wunsch, mehr Zeit dafür zu haben. Doch sie wusste, dass sie ihre Arbeit nicht einfach aufgeben konnte. Der Job bot ihr Sicherheit, und sie war gut darin. Aber tief in ihrem Inneren fragte sie sich, ob es möglich war, beides zu verbinden – die kreative Freiheit des Schreibens und die Stabilität ihres Berufslebens.

Eines Abends, als Clara sich erneut mit Lena in der Bar traf, sprach sie zum ersten Mal offen über ihre Zweifel. „Ich habe das Gefühl, dass ich an einem Punkt bin, an dem ich mich entscheiden muss", sagte sie und starrte in ihr Glas. „Das Schreiben gibt mir so viel, aber ich weiß nicht, wie ich das mit meinem Job unter einen Hut bringen soll." Lena nickte nachdenklich. „Es klingt, als würdest du denken, dass du dich zwischen beidem entscheiden musst. Aber vielleicht musst du das gar nicht." Clara runzelte die Stirn. „Wie meinst du das?" „Vielleicht gibt es einen Weg, beides zu machen", sagte Lena und lehnte sich vor. „Du musst deinen Job nicht aufgeben, aber du kannst dir auch die Zeit für das Schreiben nehmen. Es muss kein Entweder-Oder sein. Du kannst beide Welten miteinander verbinden." Clara dachte über Lenas Worte nach. Vielleicht hatte sie recht. Vielleicht musste sie nicht alles auf eine Karte setzen, sondern einfach herausfinden, wie sie beides in ihrem Leben unterbringen konnte. Es war eine neue Art, über die Dinge nachzudenken – und es gab ihr Hoffnung, dass sie einen Weg finden konnte, der zu ihr passte. In den nächsten Tagen begann Clara, ihren Alltag neu zu strukturieren. Sie setzte sich feste Zeiten zum Schreiben, ohne dabei ihre beruflichen Verpflichtungen zu vernachlässigen. Es war eine Herausforderung, aber sie spürte, dass es ihr half, die Balance zu finden. Sie hatte endlich das Gefühl, dass sie Kontrolle über ihr Leben gewann – nicht durch radikale Entscheidungen, sondern durch kleine, bewusste Schritte. Das Schreiben wurde zu einem festen Bestandteil ihres Lebens, und obwohl es noch viele Fragen gab, die sie sich selbst stellen musste, wusste Clara, dass sie auf dem richtigen Weg war. Es war ein Weg, der ihr sowohl Freiheit als auch Sicherheit bot – und das war mehr, als sie je erwartet hatte.

NEUNUNDZWANZIG

Es war ein typischer Herbstmorgen, als Clara aufwachte und spürte, dass etwas in der Luft lag. Der Nebel draußen hatte die Welt in ein gedämpftes Grau getaucht, und der Wind, der die Bäume leicht zum Rascheln brachte, erinnerte sie daran, wie schnell sich alles ändern konnte. Clara schob die Decke beiseite und setzte sich langsam auf. Es war Samstag, und das bedeutete, dass sie keinen beruflichen Verpflichtungen nachgehen musste – ein Tag, der ihr gehörte, um zu schreiben und zu reflektieren. Doch an diesem Morgen fühlte sie sich nicht so leicht und inspiriert wie in den letzten Wochen. Eine merkwürdige Schwere lag auf ihren Schultern, und sie fragte sich, warum sie sich trotz der Fortschritte in ihrem Leben plötzlich wieder so unsicher fühlte. War es das Schreiben? Die Gedanken an die Zukunft? Oder war es die Last der Erwartungen, die sie immer noch mit sich herumtrug, auch wenn sie dachte, sie hinter sich gelassen zu haben?

Sie ging in die Küche, machte sich einen Kaffee und setzte sich an den Küchentisch, von dem aus sie den grauen Nebel draußen beobachten konnte. Der Morgen hätte friedlich und ruhig sein sollen, aber Clara spürte, dass ihre Gedanken wie ein Sturm in ihrem Kopf tobten. Sie wusste, dass sie in letzter Zeit viel erreicht hatte – sowohl im Job als auch persönlich – doch die Zweifel hatten sich wieder eingeschlichen.

Später an diesem Tag setzte Clara sich an ihren Schreibtisch und öffnete ihren Laptop, bereit, weiterzuschreiben. Die Worte, die in den letzten Tagen so leicht geflossen waren, blieben heute aus. Sie starrte auf das leere Dokument, die Finger auf der Tastatur, aber nichts wollte sich formieren. Normalerweise hatte sie in solchen Momenten einfach angefangen zu tippen, doch heute war es, als wäre ihre Kreativität blockiert. Der Nebel draußen spiegelte sich in ihrem Inneren wider, und je länger sie auf die leere Seite starrte, desto größer wurden ihre Zweifel. Warum konnte sie plötzlich nicht mehr schreiben? War es nur eine kreative Blockade, oder war es ein Zeichen dafür, dass sie vielleicht doch nicht für das Schreiben gemacht war? Die Unsicherheit nagte an ihr, und sie konnte nicht aufhören, sich zu fragen, ob sie sich in eine Richtung bewegte, die letztlich nicht zu ihr passte.

Nach einer Weile schloss sie den Laptop wieder, frustriert über ihre eigene Unfähigkeit, sich auf das Schreiben zu konzentrieren. Sie stand auf, ging in der Wohnung umher und versuchte, ihre Gedanken zu sortieren. Doch die Zweifel blieben. War sie wirklich in der Lage, beides zu schaffen – den Job, der ihr Stabilität bot, und das Schreiben, das ihre kreative Seele ansprach? Oder hatte sie sich zu viel zugemutet?

Am Abend rief Lena an und schlug vor, sich in der Bar zu treffen. Clara war dankbar für die Ablenkung und willigte sofort ein. Als sie später in der Bar ankam, war Lena bereits da, in ein Gespräch mit einem der anderen Freunde vertieft. Doch als Clara sich zu ihr setzte, sah Lena sofort, dass etwas nicht stimmte.

„Was ist los?" fragte Lena und musterte Clara mit einem besorgten Blick. „Du siehst aus, als würdest du dir gerade den Kopf zerbrechen." Clara nahm einen tiefen Atemzug und lehnte sich zurück. „Ich weiß nicht, ob ich das mit dem Schreiben wirklich schaffen kann", sagte sie schließlich. „In den letzten Tagen hatte ich das Gefühl, dass nichts klappt. Ich habe das

Gefühl, dass ich einfach nicht gut genug bin." Lena legte den Kopf schief und lächelte leicht. „Kreative Blockaden passieren, Clara. Das bedeutet nicht, dass du nicht gut genug bist. Du musst einfach weitermachen und dir selbst die Zeit geben." „Aber was, wenn ich die ganze Zeit nur an etwas festhalte, das nie wirklich funktioniert?" fragte Clara. „Was, wenn ich mich in diese Vorstellung verrenne, dass ich schreiben sollte, aber es am Ende nur eine Illusion ist?" Lena schüttelte den Kopf. „Das glaube ich nicht. Du bist talentiert, Clara. Aber ich glaube, du setzt dich selbst zu sehr unter Druck. Du musst dir erlauben, Fehler zu machen, zu experimentieren, ohne die ganze Zeit perfekt sein zu wollen." Clara starrte in ihr Glas. „Das ist es, was mich so verunsichert. Ich habe das Gefühl, dass ich in meinem Job immer alles richtig machen muss. Und jetzt habe ich mir das Schreiben als etwas ausgesucht, das mir Freiheit geben sollte, aber ich setze mich wieder unter Druck, perfekt zu sein." Lena legte eine Hand auf Claras Arm. „Es ist okay, Clara. Es ist okay, Fehler zu machen. Es ist okay, Zweifel zu haben. Das ist alles Teil des Prozesses." Clara nickte, auch wenn die Worte sie nicht ganz beruhigen konnten. Sie wusste, dass Lena recht hatte, aber die Zweifel waren tief in ihr verankert, und es würde Zeit brauchen, sie wirklich loszulassen.

In den nächsten Tagen versuchte Clara, ihre Zweifel beiseitezuschieben und sich wieder auf das Schreiben zu konzentrieren. Sie setzte sich feste Zeiten, in denen sie sich hinsetzte und schrieb – ohne die Erwartung, dass es perfekt sein musste. Sie erlaubte sich, einfach nur zu schreiben, ohne sich darüber Gedanken zu machen, ob die Worte gut genug waren. Es war schwer, die Perfektion loszulassen, doch Clara wusste, dass sie es tun musste, wenn sie wirklich herausfinden wollte, was das Schreiben für sie bedeutete. Es gab Tage, an denen die Worte wieder flossen, und andere, an denen sie sich durch jedes einzelne Wort kämpfen musste. Doch Clara hielt durch. Sie wusste, dass der kreative Prozess nicht immer leicht war, aber sie spürte, dass es sich lohnte, weiterzumachen. In einer der Sitzungen mit Dr. Heller sprach Clara über ihre Zweifel und die Schwierigkeiten, die sie mit dem Schreiben hatte. „Es ist schwer, die Kontrolle loszulassen", gab Clara zu. „Ich bin es so gewohnt, in meinem Job immer alles perfekt zu machen. Und jetzt, wo ich das Schreiben für mich entdeckt habe, merke ich, dass ich denselben Druck auf mich ausübe. Ich habe das Gefühl, dass ich sofort erfolgreich sein muss." Dr. Heller sah sie mitfühlend an. „Es klingt, als hätten Sie den Druck, den Sie im Job verspüren, auf das Schreiben übertragen. Aber kreatives Arbeiten ist anders. Es ist kein linearer Prozess. Es gibt Höhen und Tiefen, und es ist wichtig, dass Sie sich selbst die Erlaubnis geben, Fehler zu machen." Clara nickte. „Ich weiß, dass das stimmt. Aber es fällt mir schwer, das wirklich zu akzeptieren." „Das ist verständlich", sagte Dr. Heller. „Es braucht Zeit, diese alten Muster loszulassen. Aber ich glaube, dass das Schreiben Ihnen die Möglichkeit bietet, neue Wege zu finden – Wege, die Sie vielleicht noch nicht sehen können." Clara dachte über diese Worte nach, als sie die Praxis verließ. Es war eine schwierige Lektion, aber sie wusste, dass sie wichtig war. Sie musste lernen, die Kontrolle loszulassen und sich dem Prozess hinzugeben – nicht nur im Schreiben, sondern auch in ihrem Leben. Am Ende der Woche traf sich Clara erneut mit Lena in der Bar. Diesmal fühlte sie sich leichter, als hätte sie einen kleinen Schritt in die richtige Richtung gemacht. Die Gespräche um sie herum waren, wie immer, tiefgründig und sprunghaft, doch Clara ließ sich von der Leichtigkeit der Diskussionen mitreißen. „Ich habe weitergeschrieben", sagte Clara, als sie sich mit Lena in eine ruhigere Ecke setzte. „Es war nicht perfekt, aber ich habe es einfach gemacht. Und es hat sich gut angefühlt." Lena lächelte. „Das ist großartig, Clara. Du musst nicht immer perfekt sein. Es geht darum, dranzubleiben und dir selbst die Erlaubnis zu geben, Fehler zu machen." Clara nickte. „Ja, das versuche ich zu lernen." „Du machst das großartig", sagte Lena und stieß mit Clara an. „Auf das Weitermachen."

DREIßIG

Es war ein Samstagmorgen, als Clara in der Küche stand und Kaffee kochte. Der Himmel draußen war bedeckt, und die Wolken hingen tief über der Stadt, als ob sie die Spannung, die Clara in sich fühlte, widerspiegeln wollten. Der Besuch ihres Bruders Lukas mit seiner Frau und den beiden Kindern war seit Wochen geplant, aber jetzt, wo der Tag gekommen war, spürte Clara eine innere Unruhe. Es war nicht so, dass sie Lukas nicht mochte – im Gegenteil, sie hatten eine gute Beziehung. Aber mit seiner Familie zu interagieren, vor allem seit sie so bewusst an ihrer eigenen Identität arbeitete, brachte neue Unsicherheiten in ihr hervor. Lukas war immer der Fels in der Brandung, derjenige, der sein Leben perfekt im Griff zu haben schien. Er hatte eine erfolgreiche Karriere, eine glückliche Ehe und zwei Kinder, die ihn als ihren Helden verehrten. Clara hingegen fühlte sich oft wie das schwarze Schaf der Familie – diejenige, die immer noch nach ihrem Weg suchte. Sie wusste, dass ihre Eltern Lukas immer ein wenig mehr bewundert hatten, und obwohl sie sich bemühte, diese Vergleiche nicht zu ernst zu nehmen, nagte es doch an ihr. Während der Kaffee in die Tassen lief, ertappte Clara sich dabei, wie sie die Stirn runzelte und tief durchatmete. *Es ist nur ein Besuch,* sagte sie sich. *Es muss nicht perfekt laufen.* Doch in ihrem Kopf klangen die Worte hohl. Eine Stunde später klingelte es an der Tür, und Clara öffnete mit einem gezwungenen Lächeln. Lukas stand da, mit seiner Frau Melanie und den Kindern – Sophie, sieben Jahre alt, und Tom, der gerade fünf geworden war. Die Kinder liefen sofort ins Wohnzimmer, während Lukas und Melanie Clara zur Begrüßung umarmten. „Schön, dich zu sehen, Clara", sagte Lukas mit seinem gewohnt breiten Lächeln. „Es ist schon eine Weile her." „Ja, das ist es", erwiderte Clara und versuchte, die Nervosität aus ihrer Stimme zu verdrängen. „Kommt rein, macht es euch bequem. Kaffee ist schon fertig." Im Wohnzimmer versammelten sie sich um den kleinen Couchtisch, und während die Kinder laut durch die Wohnung tobten, versuchte Clara, die Unterhaltung mit Lukas und Melanie am Laufen zu halten. Doch obwohl sie sich bemühte, das Gespräch leicht und ungezwungen zu gestalten, fühlte sie sich wie eine Fremde in ihrem eigenen Zuhause. „Wie läuft es bei dir auf der Arbeit?" fragte Lukas nach einer Weile. „Mama hat gesagt, dass du ein großes Projekt erfolgreich abgeschlossen hast." Clara lächelte schwach. „Ja, es lief gut. Ich arbeite gerade an einigen neuen Ideen, aber es ist eine Herausforderung." Lukas nickte verständnisvoll. „Das kenne ich. Bei uns in der Firma läuft auch einiges schief, aber wir kriegen es schon hin." Melanie, die bisher still gewesen war, fügte hinzu: „Und sonst? Hast du noch Zeit für Hobbys?" Clara zögerte kurz, bevor sie antwortete. „Ja, ich habe angefangen zu schreiben. Es ist noch ziemlich neu, aber es macht mir Spaß." Lukas hob überrascht eine Augenbraue. „Schreiben? Das ist interessant. Hast du schon etwas veröffentlicht?" Clara schüttelte den Kopf. „Nein, noch nicht. Ich arbeite nur für mich. Es ist mehr ein kreativer Ausgleich zu meiner Arbeit."

Die Unterhaltung ging weiter, doch Clara konnte die leisen Zweifel und das unterschwellige Gefühl der Selbstverteidigung nicht ganz abschütteln. Warum fühlte sie sich immer, als müsse sie sich rechtfertigen, wenn es um ihre Entscheidungen ging? Es war, als hätte sie ständig das

Bedürfnis, sich selbst und anderen zu beweisen, dass ihr Weg genauso wertvoll war wie der von Lukas – auch wenn er nicht so geradlinig war.

Der Nachmittag zog sich in die Länge. Die Kinder hatten im Wohnzimmer ein Chaos hinterlassen, und während Clara die verstreuten Spielsachen einsammelte, spürte sie, wie die Spannung in ihr wuchs. Lukas und Melanie unterhielten sich angeregt über ihre eigenen beruflichen und familiären Erfolge, und Clara konnte nicht umhin, sich klein und unbedeutend zu fühlen. Sie wusste, dass diese Gedanken irrational waren. Ihr Leben war nicht weniger wert, nur weil es anders verlief. Doch die familiären Erwartungen, die unterschwelligen Vergleiche – sie waren wie eine ständige Hintergrundmelodie, die Clara nicht loslassen konnte. Später, als Lukas sich auf die Couch setzte und Clara einen Moment erwischte, um sich zu ihm zu gesellen, war die Atmosphäre für eine Weile ruhiger.

„Clara", begann Lukas leise, als Melanie mit den Kindern in die Küche ging, um Snacks vorzubereiten, „ich weiß, dass du manchmal das Gefühl hast, dass alle dich mit mir vergleichen, aber das musst du nicht. Du hast deinen eigenen Weg, und ich bewundere, was du tust." Clara sah ihn überrascht an. Diese Worte hatte sie nicht erwartet. „Wirklich?" „Ja", sagte Lukas ernst. „Ich weiß, dass ich mein Leben anders lebe, aber das bedeutet nicht, dass es der richtige Weg für jeden ist. Du machst es großartig, Clara. Du hast deinen Job, du schreibst, du findest heraus, was dich glücklich macht. Das ist etwas, das nicht jeder von sich behaupten kann." Clara nickte langsam, aber die Worte sanken nur langsam in ihr Bewusstsein. Sie wusste, dass Lukas es ehrlich meinte, doch der innere Kampf in ihr war tief verankert. „Es fühlt sich nur oft so an, als wäre ich hinter allen anderen zurück", gab Clara schließlich zu. „Du hast alles – Familie, Karriere, alles läuft so gut für dich. Und ich... ich bin noch immer auf der Suche." Lukas legte eine Hand auf ihre Schulter. „Es gibt keinen Zeitplan dafür, Clara. Jeder findet seinen Weg in seinem eigenen Tempo. Und wenn du noch suchst, dann ist das okay. Solange du dir treu bleibst, wirst du den richtigen Weg finden."

Als der Nachmittag zu Ende ging und Lukas mit seiner Familie die Wohnung verließ, fühlte Clara eine seltsame Mischung aus Erleichterung und Dankbarkeit. Erleichterung, weil der Besuch vorbei war und sie sich nicht länger den stillen Vergleichen aussetzen musste. Doch auch Dankbarkeit, weil Lukas' Worte einen unerwarteten Trost gespendet hatten.

Sie stand noch eine Weile in der Wohnung und ließ die Stille auf sich wirken. Ihre Zweifel waren nicht verschwunden – die Fragen nach ihrem Platz in der Welt, ihrem Weg, den Erwartungen ihrer Familie und dem, was sie wirklich vom Leben wollte, blieben. Doch Lukas' Worte hatten einen Funken in ihr entzündet. Vielleicht war sie tatsächlich auf dem richtigen Weg, auch wenn er nicht so klar und strukturiert war wie der von Lukas.

Am Abend setzte sich Clara mit einem Glas Wein auf ihr Sofa und ließ den Tag Revue passieren. Es war kein einfacher Tag gewesen, aber er hatte ihr gezeigt, dass sie nicht allein war. Ihre Familie – so sehr sie auch manchmal das Gefühl hatte, sich beweisen zu müssen – stand hinter ihr. Sie musste lernen, sich selbst dieselbe Unterstützung zu geben, die sie anderen gewährte. Clara nahm ihren Laptop und öffnete erneut das Dokument, das sie in den letzten Tagen nicht hatte füllen können. Doch diesmal war es anders. Diesmal fühlte sie, wie die Worte wieder zu ihr flossen – langsam, aber stetig. Es ging nicht darum, perfekt zu sein. Es ging darum, weiterzumachen, egal wie schwer es war. Sie schrieb bis spät in die Nacht und spürte, wie die Zweifel, die sie den ganzen Tag begleitet hatten, sich langsam auflösten. Es war, als hätte sich etwas in ihr gelöst, und sie wusste, dass sie diesen Weg weitergehen musste – nicht nur im Schreiben, sondern in allem, was sie tat.

EINUNDDREISSIG

Der Himmel über der Stadt war bedeckt, und die ersten Regentropfen klopften leise gegen Claras Fenster, als sie an diesem grauen Morgen aufwachte. Die Dunkelheit draußen schien ihre Gedanken zu spiegeln, die seit dem Besuch von Lukas und seiner Familie schwer auf ihr lasteten. Obwohl das Gespräch mit ihrem Bruder sie beruhigt hatte, nagten noch immer Zweifel an ihr. Sie wusste, dass sie Fortschritte gemacht hatte, aber manchmal fühlte es sich an, als würde sie in einem unendlichen Kreis laufen – immer wieder die gleichen Ängste, die gleichen Fragen. Clara setzte sich an den Küchentisch, die Hände um ihre Kaffeetasse geschlungen, während sie in den Regen hinausblickte. Ihr Laptop stand vor ihr, die Datei mit ihrem Schreibprojekt war geöffnet, aber die Worte wollten heute nicht fließen. Es war, als wäre sie in einem Nebel aus Unsicherheit gefangen, unfähig, klar zu sehen, welchen Weg sie weitergehen sollte. Sie hatte angefangen zu schreiben, um sich selbst zu finden, um den kreativen Funken in sich zu entfachen, doch in den letzten Tagen hatte sich eine neue Frage in ihren Kopf geschlichen: *Wofür tue ich das eigentlich?* Das Schreiben, das ihr so viel Freude und Freiheit gegeben hatte, fühlte sich plötzlich wie eine Bürde an. Sie wollte Erfolg, sie wollte Erfüllung, doch der Druck, den sie sich selbst auferlegte, machte es schwer, den Prozess zu genießen. Der Gedanke, dass ihr Leben vielleicht nicht so stabil und klar wie das von Lukas war, hatte sie wieder eingeholt. Sie nahm einen tiefen Atemzug und versuchte, sich zu sammeln. Es war Zeit, die Dinge in die Hand zu nehmen und sich den Gefühlen zu stellen, die sie so lange zurückgehalten hatten. Vielleicht musste sie sich einfach darauf einlassen, Fehler zu machen. Vielleicht war es in Ordnung, sich nicht sofort als perfekte Schriftstellerin zu sehen Am Nachmittag hatte Clara einen Termin bei Dr. Heller, und obwohl sie sich an diesem Tag nur widerwillig auf den Weg machte, wusste sie, dass sie dieses Gespräch brauchte. Die Straße war von Pfützen übersät, und der Regen wurde heftiger, als sie die Praxis betrat. Der vertraute Geruch nach Kräutertee und die sanfte Musik, die leise im Hintergrund spielte, beruhigten sie etwas, doch die innere Unruhe blieb.

„Wie war die letzte Woche?" fragte Dr. Heller, als Clara auf der Couch Platz nahm. Clara lehnte sich zurück und atmete tief durch. „Es war... verwirrend", gab sie zu. „Der Besuch von Lukas hat alte Gefühle in mir wachgerufen. Ich dachte, ich hätte das alles hinter mir gelassen, aber es fühlt sich immer noch so an, als würde ich mich ständig mit ihm vergleichen." Dr. Heller nickte verständnisvoll. „Das ist völlig normal. Selbst wenn wir an unseren inneren Konflikten arbeiten, tauchen sie manchmal in unerwarteten Momenten wieder auf. Aber ich glaube, es ist wichtig, sich zu fragen: Was macht den Vergleich für Sie so schwer?" Clara zögerte einen Moment, bevor sie antwortete. „Ich denke, es liegt daran, dass Lukas immer so klar war in dem, was er wollte. Er hatte immer einen Plan, und er hat ihn umgesetzt. Und ich... ich habe immer noch das Gefühl, dass ich meinen eigenen Weg erst finden muss. Das Schreiben sollte mir dabei helfen, aber jetzt fühlt es sich an, als ob ich mich darin verliere." „Verlieren Sie sich, oder entdecken Sie sich?" fragte Dr. Heller sanft. „Vielleicht ist das, was Sie gerade durchmachen, Teil des Prozesses. Manchmal müssen wir uns in etwas verlieren, um wirklich zu erkennen, was wir wollen."

Clara ließ die Worte einen Moment lang sacken. Vielleicht hatte Dr. Heller recht. Vielleicht war das Schreiben nicht das Ziel, sondern der Weg, den sie beschreiten musste, um sich selbst zu finden. Doch diese Unsicherheit – dieses Gefühl, dass sie nicht gut genug war – lastete schwer auf ihr. „Ich habe Angst, dass ich nicht gut genug bin", gestand Clara schließlich. „Dass ich das Schreiben vielleicht nicht so gut kann, wie ich es gerne würde." Dr. Heller lächelte sanft. „Es ist normal, sich so zu fühlen. Aber es geht nicht immer darum, sofort gut zu sein. Es geht darum, sich selbst den Raum zu geben, zu wachsen. Sie müssen nicht perfekt sein, Clara. Sie müssen nur weitermachen." Später am Abend, zurück in ihrer Wohnung, dachte Clara über das Gespräch mit Dr. Heller nach. Die Worte hatten etwas in ihr ausgelöst, doch sie wusste, dass es nicht einfach war, die eigenen Ansprüche loszulassen. Sie hatte sich so lange unter Druck gesetzt, dass es schwerfiel, diesen Drang nach Perfektion loszulassen. Sie setzte sich an ihren Schreibtisch, öffnete ihren Laptop und starrte auf das leere Dokument vor sich. Die Stille der Wohnung umgab sie, und der Regen prasselte leise gegen das Fenster. Doch statt sich auf die Zweifel zu konzentrieren, beschloss Clara, einfach zu schreiben. Ohne Erwartungen, ohne den Druck, dass es perfekt sein musste. Die Worte kamen langsam, zögerlich, doch sie kamen. Clara ließ ihre Gedanken fließen, ohne sich selbst zu zensieren, und je mehr sie schrieb, desto mehr spürte sie, wie sich etwas in ihr lockerte. Es war, als hätte sie einen Teil ihrer Angst losgelassen und sich der Kreativität hingegeben, ohne darüber nachzudenken, ob es gut genug war. Sie schrieb über ihre Unsicherheiten, über ihre Beziehung zu Lukas, über die ständigen Vergleiche, die sie quälten. Sie schrieb über den Druck, den sie sich selbst machte, und darüber, wie schwer es war, einfach loszulassen. Und je mehr sie schrieb, desto freier fühlte sie sich. Am nächsten Morgen war der Regen abgeklungen, und Clara fühlte sich, als hätte sich der Nebel in ihrem Kopf ebenfalls etwas gelichtet. Sie hatte lange geschrieben, bis spät in die Nacht, und obwohl die Seiten nicht perfekt waren, spürte sie, dass sie einen Durchbruch geschafft hatte. Es war nicht der perfekte Text, den sie sich vorgestellt hatte, aber es war ehrlich, und das war alles, was zählte. Sie traf sich später mit Lena in einem kleinen Café, um über die letzten Tage zu sprechen. Als sie dort saßen und den dampfenden Kaffee vor sich hatten, sah Lena sie aufmerksam an. „Du siehst aus, als hättest du etwas Wichtiges entdeckt", sagte Lena und nippte an ihrem Cappuccino. Clara lächelte schwach. „Ich glaube, ich habe gemerkt, dass ich mich nicht ständig mit anderen vergleichen kann – nicht mit Lukas, nicht mit dir, nicht mit irgendjemandem. Ich muss meinen eigenen Weg finden. Und das Schreiben... vielleicht ist es nicht nur eine Flucht, sondern ein Teil von mir, den ich entdecken muss." Lena nickte zustimmend. „Das ist es. Du musst dir selbst die Erlaubnis geben, dich zu finden, ohne immer perfekt sein zu wollen." Clara lehnte sich zurück und seufzte. „Ja, das versuche ich. Es ist nur schwer, diese Erwartungen loszulassen." „Das wird es immer sein", sagte Lena. „Aber du kommst voran. Und das ist das Einzige, was zählt."

Später an diesem Abend, als Clara wieder in ihrer Wohnung war, fühlte sie sich erleichtert. Der Sturm in ihrem Kopf war noch nicht ganz vorüber, aber sie hatte das Gefühl, dass sich die Wolken allmählich lichteten. Sie wusste, dass sie noch einen weiten Weg vor sich hatte – sowohl in ihrer persönlichen Entwicklung als auch in ihrem kreativen Prozess. Doch an diesem Punkt war sie bereit, diesen Weg weiterzugehen.

Sie setzte sich wieder an ihren Laptop und begann zu schreiben. Diesmal gab es keinen Druck, keine Erwartungen. Es gab nur sie und die Worte. Und zum ersten Mal seit langem fühlte sich das Schreiben wieder richtig an.

ZWEIUNDDREIßIG

Es war ein kühler Abend, als Clara auf die bekannte Bar zusteuerte. Der Himmel über ihr war klar und die Luft roch nach Schnee, die sie in der Nase kitzelte. Seit dem letzten Treffen war einige Zeit vergangen, und Clara hatte die regelmäßigen Gespräche mit Lena und den anderen vermisst. Die Bar war für sie ein sicherer Ort geworden – ein Raum, in dem sie frei sprechen konnte, ohne Urteile oder Erwartungen. Heute fühlte es sich wie ein Schritt in die Normalität an, nachdem die letzten Wochen so turbulent gewesen waren. Als sie die Tür zur Bar öffnete und die vertrauten Geräusche von Gesprächen und leiser Musik auf sie einwirkten, fiel ihr sofort auf, dass die Gruppe an ihrem gewohnten Tisch saß. Lena winkte ihr sofort zu, und Clara ging lächelnd auf sie zu. Doch als sie näher kam, bemerkte sie eine Person, die sie noch nicht kannte – Flo. „Clara, das ist Flo!", rief Lena mit einem schelmischen Lächeln, als Clara den Tisch erreichte. „Er war die letzten Male nicht dabei, weil er beruflich unterwegs war." Flo hob den Kopf und lächelte. „Freut mich, dich kennenzulernen, Clara. Ich habe schon viel von dir gehört." Seine Stimme war ruhig, tief und angenehm, und er hatte diese natürliche Art, die sofort eine Verbindung schuf. Clara erwiderte das Lächeln und setzte sich neben Lena. „Freut mich auch, dich kennenzulernen. Und ich hoffe, Lena hat nur gute Dinge erzählt." „Natürlich", sagte Lena mit einem Augenzwinkern, bevor sie sich in eine Unterhaltung mit einem der anderen Freunde vertiefte, der gerade über ein wissenschaftliches Experiment sprach, das seine Ergebnisse infrage stellte. Flo und Clara blieben in ihrem eigenen kleinen Raum der Stille zurück, und Clara konnte spüren, wie sich die Atmosphäre um sie veränderte. Da war etwas an Flo – etwas in seinem entspannten Auftreten, das sie neugierig machte. Er schien die Gruppe genau zu beobachten, nahm sich Zeit, bevor er sprach, und schien gleichzeitig alles um sich herum mit einer gewissen Leichtigkeit aufzunehmen. „Also", begann Clara nach einer Weile, „wo warst du unterwegs?" „Überall ein bisschen", antwortete Flo, während er einen Schluck von seinem Bier nahm. „Ich arbeite als IT-Berater, und das bedeutet, dass ich ständig in andere Städte fliegen muss. Es kann anstrengend sein, aber es bringt mich auch an interessante Orte." „Klingt spannend", sagte Clara, die sich dabei ertappte, dass sie mehr über ihn wissen wollte. „Aber auch ziemlich stressig." Flo zuckte mit den Schultern. „Ja, es kann stressig sein. Aber ich mag es, Herausforderungen zu haben. Es ist befriedigend, ein Problem zu lösen, das andere nicht lösen können." Sein Blick wurde für einen Moment nachdenklich. „Aber manchmal frage ich mich, ob das wirklich das ist, was ich mein Leben lang machen will." Clara nickte. „Das kenne ich. Ich arbeite als Grafikdesignerin, und manchmal liebe ich es. Aber dann gibt es diese Momente, in denen ich mich frage, ob es das wirklich ist." Flo sah sie an, und für einen Moment schien es, als würde er etwas in ihren Augen erkennen. „Du schreibst doch, oder?", fragte er plötzlich. Clara war überrascht, dass er das wusste, und sah zu Lena, die sie belustigt beobachtete. „Ja, das tue ich", antwortete Clara schließlich. „Es ist noch ziemlich neu, aber es ist etwas, das ich ausprobieren wollte." Flo lehnte sich zurück und lächelte. „Ich finde es großartig, wenn Menschen sich selbst erlauben, etwas Neues auszuprobieren. Das erfordert Mut." Clara fühlte ein angenehmes Kribbeln, als sie seine Worte hörte. Es war selten, dass jemand das Schreiben auf diese Weise kommentierte, und es tat gut, es von jemandem zu hören, der sie gerade erst kennengelernt hatte. Im Laufe des Abends entfaltete sich die Unterhaltung weiter, und Clara stellte fest, dass sie und Flo auf einer ähnlichen Wellenlänge lagen. Sie sprachen über ihre Arbeit, ihre Träume und ihre Zweifel, und Clara bemerkte, dass Flo eine Art hatte, die Dinge zu sehen, die sie beruhigte. Er war nicht nur analytisch, sondern auch pragmatisch – und doch schien er eine Tiefe in sich zu tragen, die ihn von vielen anderen unterschied.

„Weißt du", sagte Flo irgendwann, als das Gespräch auf die Balance zwischen Arbeit und persönlichem Leben kam, „ich habe irgendwann gemerkt, dass ich nicht ständig nach Perfektion streben kann. Es ist unmöglich, in allen Bereichen perfekt zu sein. Manchmal muss man einfach akzeptieren, dass es okay ist, nicht alles unter Kontrolle zu haben." Clara nickte. „Das ist etwas, woran ich arbeite. Es fällt mir schwer, diese Vorstellung von Perfektion loszulassen. Besonders im Schreiben. Ich will, dass alles sofort gut ist, aber... das ist es nicht immer." Flo sah sie einen Moment lang nachdenklich an. „Vielleicht geht es nicht darum, gut zu sein. Vielleicht geht es darum, ehrlich zu sein." Seine Worte trafen Clara tiefer, als sie erwartet hatte. Sie hatte immer gedacht, dass das Schreiben eine Fluchtmöglichkeit war, etwas, das sie brauchte, um sich von den Erwartungen ihrer Familie und ihres Jobs zu befreien. Doch vielleicht, dachte sie, ging es um mehr. Vielleicht ging es darum, sich selbst in den Worten zu finden, egal wie unvollkommen sie waren. „Du hast recht", sagte Clara schließlich leise. „Ich glaube, ich habe mich zu sehr darauf konzentriert, perfekt zu sein, anstatt einfach nur zu schreiben."

Flo lächelte. „Das machen die meisten von uns. Aber ich habe festgestellt, dass die besten Dinge oft dann passieren, wenn man aufhört, sich Sorgen zu machen und einfach loslässt." Clara war fasziniert von seiner Sichtweise und spürte, wie sich zwischen ihnen eine unaufdringliche, aber tiefe Verbindung entwickelte. Es war selten, dass sie jemanden traf, mit dem sie so offen sprechen konnte, ohne das Gefühl zu haben, sich erklären zu müssen. Bei Flo war das anders. Er verstand sie, und das gab ihr das Gefühl, dass sie vielleicht doch auf dem richtigen Weg war. Als der Abend sich dem Ende neigte und die Gruppe allmählich kleiner wurde, blieben Clara und Flo noch am Tisch sitzen. Lena war bereits gegangen, und die Bar war nur noch spärlich gefüllt. Die Gespräche um sie herum waren leiser geworden, und die Lichter in der Bar schienen sanfter zu leuchten. „Es war wirklich schön, dich heute Abend kennenzulernen", sagte Flo schließlich, als er seine Jacke überzog. „Ich hoffe, wir sehen uns bald wieder." „Ja, ich hoffe auch", antwortete Clara, und zum ersten Mal seit langer Zeit spürte sie, dass sie sich wirklich auf das nächste Treffen freute. Flo lächelte, als er aufstand und sich verabschiedete. „Und Clara – mach dir nicht zu viele Gedanken über das Schreiben. Lass es einfach fließen." „Ich werde es versuchen", sagte Clara mit einem leichten Lächeln, während er die Bar verließ. Als sie allein am Tisch zurückblieb, nahm sie einen tiefen Atemzug und ließ die Ereignisse des Abends Revue passieren. Es war eine unerwartete Begegnung gewesen, aber eine, die sie zum Nachdenken brachte. Vielleicht war Flo nur jemand, den sie zufällig getroffen hatte, oder vielleicht war er der Anfang von etwas Neuem. Was auch immer es war, Clara spürte, dass sie in den letzten Stunden etwas Wichtiges gelernt hatte – nicht nur über das Schreiben, sondern über sich selbst.

In den folgenden Tagen schwirrte Flo immer wieder durch ihre Gedanken. Obwohl sie ihn erst einmal getroffen hatte, fühlte sich ihre Verbindung tief an. Es war, als hätte er etwas in ihr gesehen, das sie selbst erst allmählich erkannte. Das Schreiben war nicht nur eine Flucht oder eine kreative Übung -

es war ein Teil von ihr, den sie sich erlauben musste zu erkunden, ohne sich selbst zu verurteilen. Eines Abends, als Clara wieder an ihrem Laptop saß, schoss ihr eine plötzliche Idee durch den Kopf. Sie erinnerte sich an etwas, das Flo gesagt hatte: *Vielleicht geht es nicht darum, gut zu sein, sondern ehrlich zu sein.* Die Worte hallten in ihr nach, und sie wusste, dass sie diese Ehrlichkeit in ihr Schreiben einfließen lassen musste. Es ging nicht um Perfektion – es ging um die Wahrheit.

Sie öffnete das Dokument, das sie schon so lange bearbeitete, und begann zu schreiben. Diesmal ließ sie die Zweifel los. Sie schrieb mit einer Offenheit, die sie zuvor nicht gekannt hatte, und es fühlte sich richtig an.

DREIUNDDREIßIG

Clara saß in ihrem Lieblingscafé, die Finger fest um eine Tasse heißer Schokolade geschlungen, während draußen der Wintersturm mit unbändiger Wucht gegen die Fenster peitschte. Der Regen verwandelte die Straßen in ein Kaleidoskop aus Licht und Wasser, und doch war es drinnen warm und ruhig. Der Kontrast hätte nicht größer sein können – außen tobte das Chaos, innen war es wohlig warm und eine entspannte Atmosphäre. Die Ruhe konnte Claras inneres jedoch nicht erreichen. Es herrschte eine unangenehme Unruhe. Ein Sturm, der sich in den letzten Wochen unaufhaltsam aufgebaut hatte, bis er nun vor der Entscheidung stand, sie zu verschlingen oder sie voranzutreiben. Seit ihrem Treffen mit Flo war etwas in Clara in Bewegung geraten. Es war, als hätte ihre Begegnung mit ihm einen verborgenen Teil in ihr geweckt, der lange geschlafen hatte. Sie wusste, dass sie nicht länger auf Antworten warten konnte, die das Leben ihr niemals von selbst geben würde. Sie musste selbst handeln, ihren eigenen Weg finden – aber wie? Ihre Finger glitten gedankenverloren über den Rand der Tasse, während ihre Gedanken zwischen dem Vertrauten und dem Unbekannten pendelten. Auf der einen Seite das alte, gesicherte Leben: ihr Job, ihre täglichen Pflichten, das Schreiben, das immer noch von Unsicherheit überschattet war. Auf der anderen Seite: das

Ungewisse, das Verlockende – das Leben, das sie sich insgeheim wünschte, das sie aber auch zutiefst beängstigte.

Am nächsten Tag saß Clara im Büro in einem Meeting, doch ihre Gedanken waren weit entfernt. Ihre Chefin sprach über neue Strategien, neue Projekte, aber Clara konnte sich nicht darauf konzentrieren. Ihre Gedanken kehrten immer wieder zu Flo zurück, zu den Worten, die sie so tief berührt hatten. Vielleicht geht es nicht darum, perfekt zu sein, sondern darum, ehrlich zu sein. Diese Erkenntnis hatte etwas in ihr freigesetzt, und sie erkannte, dass sie sich all die Jahre selbst im Weg gestanden hatte. Sie hatte versucht, den Erwartungen der anderen gerecht zu werden, anstatt auf ihre innere Stimme zu hören. Doch jetzt fühlte sie, dass der Moment gekommen war, sich von diesen Ketten zu befreien. „Clara?" Die Stimme ihrer Chefin riss sie abrupt aus ihren Gedanken. Alle Blicke waren auf sie gerichtet, und Clara fühlte, wie ihre Wangen heiß wurden. „Entschuldigung", sagte sie schnell, „könnten Sie die Frage wiederholen?" Ihre Chefin warf ihr einen prüfenden Blick zu, wiederholte jedoch die Frage ohne Umschweife. Clara spürte das unangenehme Stechen des Versagens, die Unsicherheit, die sie so lange begleitet hatte. Doch dieses Mal war es anders. Es war, als wäre das Gefühl, fehl am Platz zu sein, ein Zeichen dafür, dass sie sich innerlich bereits von diesem Leben verabschiedet hatte. Als das Meeting endete, blieb Clara noch einen Moment in dem leeren Raum sitzen, den Kopf in ihre Hände gesenkt. Sie konnte nicht weitermachen wie bisher, das war klar. Sie konnte nicht länger zwischen ihrer Arbeit und ihrer Leidenschaft für das Schreiben hin- und hergerissen sein, ohne jemals wirklich anzukommen. Das Schreiben war ein Teil von ihr, ein Teil, den sie viel zu lange vernachlässigt hatte. Aber war sie bereit, dafür etwas so Fundamentales wie ihren Job zu opfern?

Am Abend traf sie sich mit Lena in der Bar. Der Sturm hatte sich gelegt, doch die Luft war immer noch kühl und klar, als

Clara den vertrauten Ort betrat. Es war stiller als sonst, die Bar nur spärlich gefüllt, und Clara war dankbar für die Ruhe. „Du siehst aus, als hättest du viel nachgedacht", sagte Lena, kaum dass Clara sich gesetzt hatte. „Das habe ich auch", antwortete Clara ehrlich. „Ich glaube, ich stehe vor einer großen Entscheidung." „Was für eine Entscheidung?" Lena sah sie aufmerksam an. Clara zögerte einen Moment, bevor sie antwortete. „Ich weiß nicht, ob ich meinen Job weitermachen möchte." Lena hob überrascht die Augenbraue. „Wow, das ist keine kleine Sache. Was bringt dich dazu?" Clara seufzte. „Ich liebe die Kreativität in meinem Job, aber ich habe das Gefühl, dass sie mich immer weiter von meiner eigentlichen Leidenschaft wegführt. Das Schreiben... es bedeutet mir so viel. Aber gleichzeitig habe ich Angst, dass es nicht reicht. Dass ich zu viel riskiere, wenn ich meinen Job aufgebe." Lena nickte verständnisvoll. „Ich kann das nachvollziehen. Aber was gibt dir wirklich Energie? Was bringt dich zum Leuchten?" Clara dachte einen Moment nach, bevor sie leise antwortete: „Das Schreiben. Immer das Schreiben. Es bringt mich dazu, mich lebendig zu fühlen. Aber ich weiß nicht, ob ich den Mut habe, alles dafür aufzugeben." Lena legte ihre Hand auf Claras Arm und sagte leise: „Vielleicht ist es an der Zeit, den Raum für das zu schaffen, was dir wirklich am Herzen liegt. Es geht nicht darum, sofort alles zu ändern, aber vielleicht kannst du die ersten Schritte machen, ohne gleich das ganze Bild zu sehen." Clara ließ diese Worte in sich wirken. Sie wusste, dass Lena recht hatte. Sie konnte nicht mehr zurück. Es war, als hätte sich ihr Leben an einen Punkt bewegt, an dem es kein Stehenbleiben mehr gab. Sie musste vorwärtsgehen, auch wenn der Weg noch im Nebel lag. Ein paar Tage später saß Clara in der Praxis von Dr. Heller, ihrer Therapeutin. Es war eine der letzten Sitzungen vor einer längeren Pause, und Clara wusste, dass sie dieses Gespräch nutzen musste, um Klarheit zu gewinnen. „Ich habe Angst", gestand sie, „dass ich den Mut nicht habe, diesen

Schritt zu wagen. Ich liebe das Schreiben, aber mein Job gibt mir Sicherheit. Was, wenn ich scheitere?" Dr. Heller sah sie ruhig an. „Veränderungen sind immer mit Unsicherheit verbunden. Aber manchmal ist das Risiko, nicht zu handeln, größer als das Risiko des Scheiterns." Clara spürte, wie diese Worte in ihr nachhallten. Sie wusste, dass sie nicht ewig in dieser Schwebe bleiben konnte. Sie musste loslassen, um zu wachsen.

In der darauffolgenden Nacht, als Clara wieder vor ihrem Laptop saß, fühlte sie etwas, das sie lange nicht gespürt hatte: Klarheit. Sie öffnete ihr Dokument und begann zu schreiben. Die Worte flossen leichter als zuvor, als ob die Entscheidung, die sie in ihrem Inneren getroffen hatte, die Blockaden aufgelöst hätte. Sie wusste, dass der Weg vor ihr steinig sein würde, doch sie war bereit, ihn zu gehen. Als sie schließlich das Licht löschte und ins Bett ging, lag ein leises Lächeln auf ihren Lippen. Der Sturm draußen hatte sich gelegt – und vielleicht hatte sich auch der Sturm in ihr für einen Moment beruhigt. Doch tief in ihrem Inneren wusste Clara, dass dies erst der Anfang war. Es lag ein neuer Weg vor ihr, ein ungewisser, aber verheißungsvoller Weg. Und sie war endlich bereit, ihn zu gehen.

Du magst zweifeln - bin ich es Wert?
Kann man mich lieben? Warum bleibt mir das Glück verwehrt?
Doch es ist nicht das Außen, welches deinen Wert zu taxieren hat.
Du bist wertvoll und brauchst keinen Rabatt.
Musst dich nicht verkaufen, verramschen oder gar verschenken.
Hör auf zu zweifeln und verscheuch die Bedenken.
Du bist wertvoll, ein wundervoller gar einzigartiger Mensch.
Wie ein Diamant, manchmal roh, auch mal kantig,
aber für manche, seinen Sie auch noch so grantig,
bist du im richtigen Lichte - der schönste Brillant.

Drum hör auf zu zweifeln, sei einfach du selbst.
Dann wirst du es finden - das Glück in dir selbst.

Gifted Trilogie

Gifted: Im Rausch der Gedanken
Gifted: Sehnsucht der Nacht
Gifted: Versprechen im Morgenrot